10미터만 더 뛰어봐!

10미터만 더 뛰어봐!

• 김영식 지음 •

21세기북스

'열심히 산다고 살았는데 이게 뭔가?

더는 못뛰겠다. 기댈 언덕이 없다. 길도 보이지 않는다…….'

당신의 소리 없는 절규에 화답하여

여기 인생반전人生反轉의 프로그램을 드립니다.

우선 옛 프로그램을 영구 삭제한 다음,

이 프로그램의 설치 파일을 클릭하시기 바랍니다.

이것은 제가 직접 체험으로

검증한 프로그램입니다.

당신이 써도 마찬가지의 결과가 나올 것으로 확신합니다.

한줄기 소나기를 예감케 하는 촉촉한 바람을 맞으며,

당신이 오기만을 기다립니다.

어서 페이지를 여십시오!

- 김영식 -

생각하면 행동으로!

『10미터만 더 뛰어봐!』가 출간되고 5년이 지났다. 그동안 40만 명이 넘는 독자가 이 책을 읽었고 중국에까지 번역 출간되었다. 대한민국 부자 만들기를 목표로 만든 '뚝심카페'는 회원 수가 7만 5,000명이나 되었다. 그러나 지금도 사느냐 죽느냐의 기로에서 한숨과 절망으로 생을 포기하려는 사람들이 많이 있다.

나는 『10미터만 더 뛰어봐!』에서 100미터도 아니고 10미터만 더 뛰자고 호소했다. 나의 호소에 공감하고 나의 응원에 위로를 받으신 분들도 많이 계시다고 들었다. 하지만 여전히 힘든 분들도 많이 계신가 보다. 이 책의 개정판을 내는 이유다. 나는 이번 개정판에서 인생에 멋지게 성공하고 싶지만 늘 제자리인 분들에게 다시 초심으로 돌아가자는 말을 하며 시작하고 싶다.

다시 초심으로 돌아가 실천하라

뭐든 하는 일마다 안 되고 제자리인 이유는 크게 두 가지이다. 첫 번째는 준비가 안 되었기 때문이다. 준비가 안 된 상태에서 시작하면 당연히 덤벙대고 시행착오를 겪게 된다. 준비 안 된 전투에서 군인이 죽는 것처럼 삶이라는 전쟁터에서도 마찬가지이다. 비즈니스도 전투라고 생각하고 목숨을 걸고 작전을 치밀하게 세워야 한다.

두 번째는 행동으로 실천하지 않기 때문이다. 오르막길을 오르기로 했으면 끝까지 계속해야 한다. 중간에 포기하고 그만두면 포기가 습관이 되고 결국 정상까지 가지 못한다. 나의 체력으로는 뛰어가는 것이 힘들다고 판단된다면 차라리 걸음 폭을 넓게 해서 걷겠다고 결심하고 정상까지 가는 것이 중요하다. 어떠한 일이든 한번 시작하면 끝까지 그대로 밀고 나가야 한다.

자기가 세운 목표를 끝까지 사수하기 위해서는 끝없는 자기 최면과 자신감이 필요하다. 목표를 정했으면 아침 붉은 태양이 떠오를 때 큰 소리로 외쳐보아라.

"나는 할 수 있다. 나는 하고야 만다. 나는 잘될 수밖에 없다. 나는 잘될 것이다. 나는 지금부터 잘된다. 나는 지금부터 기적이 일어날 거야. 나는 성공한다!"

이렇게 소리를 지르고 나면 자신도 모르게 행동을 계속하게 되고 포기하지 않고 실천하게 된다.

머리에서 발끝까지를 가장 가까운 거리로 만들어라

누군가 이 세상에서 가장 긴 거리가 머리에서 발까지라고 했다. 머리로 생각한 것을 발로 실천해야 하는데 생각만 하고 끝내버린다면 아무 소용이 없다. 행동으로 옮겨봐야 그 생각이 옳은지 그른지를 알게 되고 설사 실패하더라도 다음에 더 발전된 생각을 할 수 있다. 나의 성공의 8할은 생각한 것을 바로 실천에 옮긴 결과이다.

여러분이 꿈꾸는 그 어느 날은 생각만 하면 절대로 오지 않는다. 준비하고 실천하는 사람에게만 온다. 머리에서 발끝까지를 가장 가까운 거리로 만들어야 한다.

그리고 쉽게 위로받을 생각 하지 말기 바란다. 우리 주변 여기저기서 힘들다는 말이 많은데 그 말로 위안받고 있는 것은 아닌지? '경기가 안 좋아.'라는 말에 쉽게 위로받는 사람이라면 무너지는 것은 한순간이다. 위기라고 생각할 때 빨리 초심으로 돌아가라. 작은 것부터 새롭게 출발해야 제일 빠르게 된다. 작은 행동이 바뀌지 않으면 큰 행동이 바뀌지 않는다. 여러분이 변해야 된다. 변하지 않으면 안 된다. 변한 자만이 위기를 극복할 수 있다. 변하려면 어떻게 해야 할까? 방금 내가 한 말에 답이 있다. '그걸 어떻게 해?'라는 말을 과감하게 버린 자만이 변할 수가 있다. 처음부터 새롭게 시작하시기 바란다. '다른 사람은 잘하는데 나라고 왜 못하겠어!'라고 수시로 외치기 바란다.

100미터 뛴 사람이 100미터 다시 뛸 생각하면 쉽게 무너진다. 쉽게 포기하고 만다. 하지만 10미터만 더 뛰라고 하면 누구나 도전한다. 오늘부터 10미터만 더 노력해보아라. 오늘 100미터 뛰었다면 내일은 110미터 뛰어보아라. 모레는 120미터 뛰어보아라.

열정을 가져라. 열정이 있으면 위기를 극복할 힘이 생기고 기회가 생긴다. 우리 몸에서 유일하게 암이 발생하지 않는 기관 중 하나가 심장이다. 심장에 암이 생기지 않는 이유는 태어나서 죽을 때까지 잠시도 쉬지 않기 때문이다. 또한 심장은 뜨겁다. 결국 심장은 끊임없이 늘 뛰고 많은 열을 내기 때문에 그 아무리 강한 암세포도 자리를 잡을 수 없다는 것이다. 여러분도 심장처럼 살아라.

조금 힘들어도 포기하면 안 된다. 포기하는 습관이 들면 모든 것을 포기하게 된다. 태양은 반드시 다시 뜬다. 누굴 위해? 내일 아침에 여러분을 위해 태양은 다시 뜬다.

생각하면 행동으로 지금 당장 즉시!
여러분의 희망 스위치
2013년 10월 김영식

Prologue

100미터만 뛰는 것과
10미터를 더 뛰는 것의 차이

한 남자가 서울 강남구 역삼동 뒷골목의 허름한 여관방에서 울고 있다. 그는 한때 부산에서 현금 보유 기준 100등 안에 들던 사람이었다. 그러나 비 전문 분야 사업에 손을 댔다가 한순간에 추락해 빚 많은 사람 100등 안에 들어가는 신세가 된 것이다. 갚아야 할 빚만 약 20억 원, 수중엔 땡전 한 푼 없다. 그는 한 끼 밥값 5,000원이 없어 소주 한 병과 600원짜리 소시지 하나로 허기를 달래곤 했다.

그 남자가 바로 나다. 먼 옛날이야기가 아니다. 불과 10년 전의 일이다.

하루 벌어 먹고사는 인생에서 10년을 내다보는 경영자가 되기까지

지금 나는 천호식품이라는 건강식품 회사의 오너 경영자다. 400여 명의 직원이 180여 종의 건강식품을 만들고 있다. 그중 몇몇 제품은 이른바 대박을 터뜨려 이름만 대도 소비자들이 다 알 정도다.

그때는 택시 탈 돈도 없었지만, 지금은 벤츠를 타고 다닌다(차 자랑하는 이야기가 아님을 이해해 주시길). 그때는 나 혼자 먹을 밥값도 없었지만, 지금은 많은 가정의 식량을 대고 있다. 그때는 내 딸 등록금이 없어 발을 동동 굴렀지만, 지금은 회사 안팎의 여러 어려운 집 자녀의 등록금을 내주고 있다.

어디 그뿐이겠는가. 그때는 하루 벌어 하루 살아야 했지만, 지금은 10년 뒤를 내다보고 경영한다. 그때는 다 떠나고 남은 직원 두셋과 삼겹살 한번 먹어보는 게 꿈이었지만, 지금은 우리나라 최고 복지 기업의 꿈을 가지고 있다.

노는 물이 달라지고 보는 눈이 달라졌으며 하는 생각이 달라졌다. 모든 게 달라졌다. 그러나 그때나 지금이나 변하지 않은 것이 있다. 10미터를 더 뛰는 것이다. 지금 나는 이만큼 됐다며 거드름을 피우거나 돈을 펑펑 쓰고 다니지 않는다. 내가 뛸 수 있는 만큼 조금 더 뛸 뿐이다.

존경하는 독자 여러분! 특히 젊은 독자 여러분!

지금 일자리가 없다고, 수중에 돈이 없다고, 신세가 말이 아니라고, 친구들 보기 민망하다고 실망하지 마시라. 절대 절망하지 마시라. 당신은 틀림없이 되는 인생이다.

왜냐고? 이 책을 집어 들었기 때문이다.

IMF 때 사업이 완전히 거덜 나고 빚만 20억 원 가까이 짊어진 채 거리를 전전하던 내가 이만큼 될 줄 누가 알았겠는가. 아무도 내가 재기하리라 예상하지 못했다.

그러나 나는 확신하고 있었다. 틀림없이 얼마 안 가 반듯하게 일어나 더 크게 사업을 벌일 거라고. 그때 내 손에는 자본이라는 것이 없었다. 대신 불행 중 다행으로 건강한 육신 그리고 재기하겠다는 불타는 야망이 있었다.

순식간이다. 정말 시간 얼마 안 걸린다. 서울 강남역 지하도 입구에서 전단을 뿌리던 내가 20억 원 상당의 빚을 다 갚기까지 딱 1년 11개월 걸렸다. 강남 역삼동에 사옥을 짓기까지 5년 걸렸다.

지금 결심하고 시작한다면 당신도 금방 해낼 것이다. 홍보 전단을 만들기 위해 신사동 전당포에 반지까지 저당 잡혀야 했던 나보다는 처지가 나을 것 아닌가.

인생의 성패를 가르는 '10미터'

그렇다면 두말하지 말고 일단 10미터를 더 뛰어보시라.

100미터를 뛰는 사람에게 200미터를 더 뛰라고 하면 누구라도 포기할 것이다. 그러나 10미터만 더 뛰라고 하면 얼마든지 뛸 수 있지 않겠는가.

차이는 바로 이거다. 어제 뛰던 대로 100미터만 뛰는 것과 10미터를 더 뛰는 것의 차이다. 바로 이것이 인생의 성패를 가른다. 누구든지 10미터는 더 뛸 수 있다. 나는 이 책에서 10미터 더 뛰는 방법을 소개할 것이다.

모두 내가 직접 경험한 이야기다. 어디서 보고 베낀 이야기가 아니다. 그런 만큼 이 책을 사서 단 한 가지만 완전히 꿰찬다 해도 틀림없이 인생에 한 걸음 전진이 있을 것이라고 확신한다. 한 가지만이라도 훔쳐보라. 10미터만 더 뛰어보라!

이 책 『10미터만 더 뛰어봐!』는 나 혼자 만든 책이 아니다. 인터넷 '다음'에 내가 운영하는 '뚝심카페'가 있다. 그 카페의 성공을 꿈꾸는 젊은이들이 나의 경험담을 보고 책으로 내달라고 요청하곤 했다. 참담한 시절을 헤쳐 나온 나의 경험담을 글로 올리면 수백 개씩 댓글을 달며 응원해준 카페 회원들에게 감사드린다. 이 책을 그 젊은이들에게 바치고 싶다.

서울 강남구 역삼동과 부산 사상구 덕포동에 있는 우리 회사에는 400여 명의 직원들이 대한민국 최고의 복지 회사를 만들기 위해 밤낮으로 땀을 흘리고 있다. 그들이 바로 나의 경영 파트너들이다. 함께 성공 드라마를 엮어준 직원들 그리고 나와 우리 직원들을 생존할 수 있게 해준 고객님들의 은혜를 기억하며 "파이팅!" 하고 격려를 보낸다.

회사가 무너지느냐 버티느냐의 갈림길에 섰을 때 내게 '오뚝이'를 선물해준, 지금은 고인이 되신 아버님, 쌀값을 대지 못할 때도 싫은 소리 한 마디 없이 "당신을 믿어!" 하며 힘을 준 아내, 초등학교 2학년 때 "우리 집은 왜 이렇게 가난해?" 하고 따져 나를 울게 한 딸 현주와 든든한 버팀목이 되어주고 있는 지안이가 또 다른 저자임을 말씀드린다.

그리고 무엇보다 기꺼이 이 책을 손에 든 독자 여러분의 건투를 빈다.

태양은 반드시 뜬다!

2008년 여름을 기다리며
김영식

차 례

1장 당신을 위대하게 만들 결심이 먼저다

2장 넘어졌다? 바로 그 자리에서 승부를 보라

3장 10미터 더 뛸 힘을 줄 10가지 인생의 지혜

1장

당신을 위대하게
만들 결심이 먼저다

나는 어떤 분야에서든 멋진 업적을 남긴 사람은 예외 없이 큰 결심, 위대한 결심,
결심 중의 결심을 한 사람이라는 것을 알고 있다. 결심이 그 사람을 성공의 길로 인도한 것이다.
그리고 그들은 대부분 우연하게도 어떤 사건을 만나 인생이 달라지는 결심을 하게 되었다.
결심부터 하라. 그 결심이 당신의 소중한 꿈을 모두 이루어줄 것이다.
진정 결심을 해본 사람은 모든 것이 결심으로 이루어진다는 사실을 안다.

하루하루 열심히 사는 인생 vs
10미터를 더 뛰면서 사는 인생

나는 어떤 분야에서든 멋진 업적을 남긴 사람은 예외 없이 큰 결심, 위대한 결심, 결심 중의 결심을 한 사람이라는 것을 알고 있다. 결심이 그 사람을 성공의 길로 인도한 것이다. 그리고 그들은 대부분 우연하게도 어떤 사건을 만나 인생이 달라지는 결심을 하게 되었다.

애플의 CEO인 스티브 잡스는 어떤 책에서 '오늘이 마지막 날인 것처럼 하루하루를 살다 보면 당신은 틀림없이 성공할 것이다'라는 구절을 발견하고 문득 결심하여 실천에 옮겼다고 한다. 그리고 그렇게 살겠다는 결심이 자기 인생의 모든 것을 결정했노라고 스탠퍼드대 졸업식 축사에서 털어놓았다.

나는 초등학교 2학년인 딸이 던진 한 마디에 충격을 받고 10미터를 더 뛰기로 결심했다. 최대한 빨리 부자가 되기로 결심한 것이다.

그 결심은 이후 나의 삶을 지배해왔다. 남들 눈에 '이제 김영식은 게임 끝났어. 더는 가망이 없어.'라고 비칠 정도로 사업이 파산 났을 때조차도 무너지지 않았던 것은 바로 그 결심 때문이다.

∎∎
∎∎

"우리 집은 왜 이렇게 작아?"

1982년에 나는 부산 남구 대연동의 비좁은 골목에 있는 보증금 100만 원에 월세 4만 원짜리 단칸방에 살았다. 식구는 나와 아내 그리고 딸과 아들이었다. 겨울나기가 무섭던 시절이었다. 쌀과 연탄을 장만하는 것이 급선무였다.

어느 날 아내가 흠집이 난 국광 사과를 한 상자 사왔다. 흠집 난 사과는 값이 무척 쌌기 때문이다. 아내는 사과를 깎아 맛있게 먹곤 했다. 흠집이 난 사과를 깎아 먹는 아내를 보면 마음 한쪽이 싸하게 아려와 한마디 하지 않을 수 없었다.

"흠집 안 난 것 사서 먹지그래?"

아내는 대수롭지 않게 대답했다.

"원래 흠집 난 사과가 더 맛있는 거야."

아무렴 흠집 난 사과가 멀쩡한 사과보다 맛있을까. 아내는 혹시라도 내 마음이 불편할까 봐 그렇게 말했던 것이다.

그러던 어느 날 초등학교 2학년인 딸아이가 집에서 친구들과 생일파티(?)를 했다. 그런데 그날 내가 집에 들어가자마자 "아빠, 우리는 왜 이렇게 가난해?" 하고 울먹이면서 따져 묻는 것이 아닌가.

순간 당혹스러웠다. 왜 그러느냐 물었더니, 집에 놀러 온 친구들이 "너희 집은 왜 이렇게 작아? 방이 하나밖에 없어?" 했다는 것이다.

"우리 집은 왜 이렇게 작아?"라는 딸의 외침이 칼이 되어 가슴을 찔렀다. 충격이었다.

나는 "우리는 가난한 게 아니야. 내일을 위해 좀 참고 있는 것뿐이지." 하고 얼버무렸다.

그리고 식구들이 잠든 한밤중에 스스로 물었다.

'내가 이것밖에 안 되는가!'

딸의 날카로운 질문이 밤새 머릿속을 떠나지 않았다. 그날 결심했다. 10미터를 더 뛰기로.

되는 길로 들어서다

결심의 위력은 놀랍다. 머리를 팽팽 돌아가게 한다. 부자 되는 모든 지혜의 원천은 바로 결심이다. 결심한 다음 날 불현듯 딸에게 우리가 절대 가난하지 않다는 사실을 입증해줄 만한 아이디어가 떠올랐다.

나는 그동안 사업 밑천으로 쓰려고 모아둔 300만 원을 은행에서 1만 원권으로 모두 찾았다. 전 재산이었다. 그걸 대봉투에 담아 집에 들어오자마자 딸을 불렀다. "자, 봐라. 우리가 얼마나 부자인지 아빠가 보여주마." 하고는 딸이 보는 앞에서 1만 원권 지폐를 두세 장씩 꺼내 방바닥에 뿌리기 시작했다. 계속 뿌렸다.

손이 백 번쯤 봉투 속을 들락거렸다. 다 뿌리고 나니 그 작은 방바닥에 돈이 좍 깔렸다. 시위 효과는 대단했다. 딸의 눈이 휘둥그레졌다.

"와! 아빠, 우리가 이렇게 부자야?"

"현주야. 우리는 돈이 없어서 이렇게 작은 집에 사는 게 아니야. 엄청나게 큰 집을 사려고 돈을 모아두었을 뿐이지."

이것이 내가 10미터 더 뛰기로, 좀 더 빨리 부자가 되기로 한 계기다. 셋방 살면서 겨울나기 걱정을 해야 하는 인생이 딸에게 너무나 창피했다. '이대로는 안 된다. 어제보다 10미터를 더 뛰어야만 한다'는 것이 내 결심의 전부였다.

달라진 것이 있다면, 그냥 하루하루 열심히 사느냐 아니면 부자가 될 생각으로 10미터를 더 뛰면서 사느냐 하는 것뿐이었다. 단지 그것 뿐이었는데 그 전과 후의 내 삶은 180도 달라졌다.

말하자면 되는 길로 들어선 것이다. 운이 따르기 시작했고 귀인들을 만나게 되었다. 내 적성에 맞는 사업거리가 몰려들었다.

우선 부자 될 결심부터 해라

나는 지금도 직원들에게 부자가 되라고 선동한다. 우선 부자 될 결심부터 하라고 일러준다. 그것이 성공의 알파이자 오메가다.

인간으로 태어난 이상 할 일은 참으로 많다. 많이 배우고 싶고, 좋은 사람들과 사귀고 싶고, 세계 구석구석 돌아다니고 싶고, 가난한 사람들을 도와주고 싶고…….

그렇다면 부자 될 결심부터 해라. 그 결심이 당신의 소중한 꿈을 모두 이루어줄 것이다. '결심만 가지고 되나?' 한다면 정말 답이 없다. 진정 결심을 해본 사람은 모든 것이 결심으로 이루어진다는 사실을 안다.

이것은 분석이나 추리로 얻어지는 지식이 아니다. 오직 해 봄으로써 비로소 알게 되는 깨달음이다. 늦지 않았다. 나는 되는 대로 살다가 환갑 다 된 나이에 결심해서 빛을 본 사람들도 많이 알고 있다.

백번이라도 말하고 싶다. 부자 될 결심부터 하라고.

생각하면 행동으로, 지금 당장!

Rush Again!

스스로 생각해도 참으로 기특한 나의 스타일 한 가지. 일단 해본다는 것! 한번 결정하면 밀고 나간다는 것! 그 결과 이만큼이라도 왔다. 매번 심사숙고만 하고 행동으로 옮기는 것을 주저했다면 아직도 '그 나물에 그 밥'일 것이다. 시도하라. 실패를 두려워하지 말고 시도하라. 계속 시도하다 보면 꼭 해야 하는 방법과 해서는 안 될 방법을 알게 된다.

욕망을 갖는 것만으로도
절반은 성공이다

나는 인터넷 포털 사이트 '다음'에 '뚝심카페'를 개설해 운영하고 있다. 이 카페에는 성공을 꿈꾸는 수많은 사람들이 회원으로 가입해 활동 중이다. 회원 대부분 대학생이거나 직장인이다.

이 카페에 '부자 되는 방'이 있다. 내가 글을 올리는 코너다.

여기에는 1998년부터 쓰기 시작한 나의 일기가 가감 없이 올라 있다. 틈틈이 여기저기에 쓴 칼럼, 강연 원고, 그때그때 회원들에게 보낸 격려 메시지, 성공 비결 등도 담겨 있다.

나의 진지한 체험을 그대로 드러낸 글들에는 수백 개씩 댓글이 올라와 있다. 회원들은 내가 직접 체험한 이야기에 환호한다. 그것은 진실이기 때문이다.

내가 이 카페를 운영하는 목적은 단 하나, '대한민국 부자 만들기'를 위해서다. 누구든 많이 벌어 정승처럼 쓰자는 것이다. 특히 나처럼 좌절을 겪은 사람들을 위로하고 격려하면서 처방을 알려주고 싶다.

생각을 1도만 바꿔도 결과가 크게 달라진다. 나는 부자가 되고 싶은 독자들에게 우선 성공한 사람을 그대로 따라 해보라고 권하고 싶다.

한 청년이 내게 보낸 이메일을 소개한다.

비가 내리는 어젯밤, 낯선 집에서 창가에 귀를 기울인 채 한참을 멍하니 앉아 있었습니다. 빗소리가 참으로 구수하게 들리더군요. 작년, 텁텁한 더위 속에서 들려오던 빗소리는 저에게 눈물이었습니다. 빗소리를 위안 삼아 참아내야 하는 일이 너무나 많았거든요. 작년에 들은 빗소리는 눈물이었는데 웬일인지 지금은 빗소리가 구수합니다. 생활 여건이 호전된 것도 아닌데……

회장님, 감사드립니다. 절로 미소가 나오고 생각만 해도 가슴이 뿌듯합니다. 부지런히 노력해서 회장님과 뚝심 가족들에게 자랑하고 싶습니다. "성공하기 정말 어렵습니다. 하지만 할 수 있습니다. 저는 뚝심카페를 통해 포기하지 않는 법을 배웠습니다." 하고 말입니다.

누가 "돈 벌면 뭐 하고 싶어?" 하고 물어보면 저는 집을 사고 싶지도 않고, 차를 사고 싶지도 않고, 여유 있는 생활을 하고 싶지도 않다고 대답할 겁니다. 다만 그렇게 물어본 사람이 저처럼 성공의 욕망에 불타는 사람이라면 "정말 성공하기 힘들었습니다." 한마디를 해주고 싶습니다.

저는 언젠가는 그 통쾌한 한마디를 하고 싶어 오늘도 달립니다.

나름대로 준비한 것을 바탕으로 올해는 '올인!'할 겁니다.

성공한 사람에게 답이 있다

점점 더 성공하기가 어려워지는 게 사실이다. 특히 요즘 젊은이들 사는 모습은 너무나 힘겨워 보인다. 그런데 자기 처지를 비관만 할 뿐 앞의 청년처럼 성공에 대한 욕망으로 불타는 사람을 보기가 쉽지 않다.

나는 우선 욕망을 갖는 것만으로도 절반의 성공이라고 생각한다. 아니, 성공을 꿈꾸고 성공한 모습을 상상하며 성공을 위한 계획을 수립하는 것, 그 자체가 이미 성공이라고 확신한다.

성공을 꿈꾸는 앞의 그 젊은이에게 말해주고 싶다. 이미 성공의 대열에 들어섰으니 한 가지만 더 보태면 확실하게 마무리할 수 있을 것이라고. 그것은 다름 아닌 성공한 사람을 집중 탐구하라는 것이다. 성공한 사람이 살아가는 모습 속에 정답이 들어 있다.

그러기 위해서는 우선 성공한 사람들 곁에서 놀아야 한다. 작든 크든 인생에서 의미 있는 성과를 거둔 사람, 성공한 뒤에도 제자리에 서 있지 않고 항상 앞으로 나아가는 사람, 설령 아직 목표를 달성하지 못했어도 성취를 향해 끊임없이 밀고 나가는 사람 주위에 있어야 한다.

반대로 실패를 밥 먹듯이 하는 사람, 매사를 부정적으로 바라보는 사람, 다람쥐 쳇바퀴 돌 듯 사는 사람, 남의 성공을 비아냥거리는 사람 곁에 있으면, 그런 사람들에게서 나오는 부정적 에너지의 영향 때문에 성공 엔진은 멈추고 만다.

성공한 사람을 벤치마킹하면 매우 효과적이다. 주변에 벤치마킹할 만한 사람이 없다면 성공한 사람에 관한 책을 읽으면 된다. 그 사람을 한 달 정도만 연구해 보자. 그 사람의 말, 행동, 생각을 철저하게 연구해서 아침부터 저녁까지 그대로 실행해보는 것이다.

한 달이면 충분하다. 그렇게 하면 성공한 사람의 기운이 내 몸 안으로 스며들어 어느새 나에게도 성공의 운이 싹트기 시작한다. 한 달에 한 사람씩 집중 탐구한다면 1년 동안 12명의 성공 인생을 섭렵할 수 있다. 그렇게만 한다면 성공은 떼어놓은 당상일 것이다.

누구의 성공 인생을 복제할 것인가

키움닷컴증권의 이현 상무는 저서 『성공 투자를 위한 10가지 패러다임』에서 성공 투자 비결의 하나로 '모방'을 꼽았다. 주식 시장에서 성공을 거둔 사람의 투자 전략을 모방하는 것이 곧 성공의 지름길이라면, 투자에 관한 한 모방은 나쁜 게 아니라고 주장한다.

나는 주식은 잘 모르지만 주식 투자로 성공하려면 아예 워런 버핏, 피터 린치, 존 템플턴 같은 대가들의 언어와 사고방식과 행동 등을 샅샅이 살펴보고 그들을 복제하다시피 하는 것이 좋다고 생각한다. 최근 신문 기사를 보니 웨딩 전문 잡지 『스포사SPOSA』의 한상일 사장도 국외 유명 잡지를 모방해서 성공했다고 한다. 모방으로 시작된 그의 사업은 이제 자기만의 독특한 색깔로 재창조되어 세계 시장까지 공략하고 있다고 한다.

성공한 사람에 대한 모방은 그 사람이 평생에 걸쳐 이룬 업적과 노하우를 가장 빨리 '훔치는' 가장 좋은 방법이다. 특히 자기가 가고자 하는 길을 이미 걸어간 사람을 모델로 선택한다면 더할 나위 없다.

가령 자동차 세일즈에서 성공하고 싶은 사람이 미국의 자동차 판매왕 조 지라드에 관한 복제를 시작한다면 곧 그 분야의 귀재가 될 것이다.

당신은 누구를 모방할 것인가, 누구의 성공 인생을 복제할 것인가?

처음 결심했던 그 순간을 잊지 말라, 결코!

뚝심카페 회원이 보내온 편지를 하나 더 소개한다. 부산에서 수입차 영업을 하는 K씨의 편지다. 그분은 내가 어려움을 헤치고 온 이야기를 뒤늦게 읽고 나름대로 크게 느낀 바가 있어 자기 삶을 다시 일으키리라 결심했다고 한다. 그의 허락을 받아 편지 일부를 소개한다.

이 세상의 어떤 성공서보다 진실한 회장님의 글들을 읽는 동안 엄청난 감동을 하였습니다. 참으로 그 대단하심에 저절로 존경심이 우러나왔으며 '내가 만약 그 상황이라면 나는 과연 그렇게 할 수 있었을까'라고 저 자신에게 반문했습니다. 14년 넘게 자동차 영업을 해 오면서 마치 모든 것을 다 알고 있다는 듯 건방을 떨며 말만 앞세운 저 자신이 너무나 부끄러웠습니다.

저는 올해 몹시 힘이 들었습니다. 불과 3일 전까지만 해도 저는 세상을 탓하고 정치를 탓했습니다. 성공에 관심 없는 사람들과 매일 술을 마시면서 '내일은 어떻게 되겠지.' 하고 하루하루를 낭비하던 중 회장님의 글을 읽게 되었고, 지금 힘든 이유가 저에게 있음을 깨달았습니다.

오늘 아침 출근하는 차 안에서 저 자신에게 미안하다고 큰 소리로 사과했습니다. 광안대로 터널 안에서 그 소리가 크고 우렁차게 제 가슴에 와 닿았습니다. 터널을 빠져나오며 맞은 태양이 저에게 '예전의 너의 모습으로 돌아가라'고 강렬하게 이야기해주는 것 같았습니다.

이제 저는 영업을 시작했던 1993년 3월 17일로 돌아가려고 합니다. 자신감 하나만큼은 100점이었던 스물네 살의 사나이로 돌아가 앞으로 15년 뒤를 준비하겠습니다. 회장님의 성공 노하우를 읽지 않았다면, 과연 제가 오늘 이 같은 생각을 할 수 있었을까요? 다시 한 번 감사의 말씀을 드립니다.

추신: 내년 저의 목표는 월 매출액 4억 5,000만 원, 연간 매출액

54억 원, 목표하는 연봉은 1억 3,000만 원, 저축 목표액은 7,200만 원입니다. 응원해 주십시오.

그의 편지 중 '이제 저는 영업을 시작했던 1993년 3월 17일로 돌아가려고 합니다'는 대목이 가슴에 찡하게 와 닿았다. 나 역시 이 편지를 읽고 천호식품을 설립했던 1984년으로 돌아가야겠다고 마음먹었다. 천호식품을 시작할 때의 마음을 되살리고 사업이 너무나 어려워 간절하게 '고객님'하고 찾았던 그 순간을 잊지 않으며 고객을 한 분 한 분 소중하게 모시리라 다짐했다. 처음 결심했던 그 순간, 최초로 일을 저질렀던 그 순간은 얼마나 아름다운가. 늘 그때 그 마음을 새기고 산다면 인생에 지루함도 우울함도 있을 수가 없다.

자, 우리 모두 K씨처럼 목표를 수치화시켜 뚜렷하게 정하고 대단한 결심을 했던 그 순간으로 돌아가 지금을 생애 최고의 순간으로 만들어보자.

인생에 불을 지르자!

인생을 걸고
6개월만 해보자

나는 일찍 사업에 뛰어들어 여러 분야에서 경험을 쌓았고 그런 대로 성과를 만들어냈다. 안정적인 사업 기반을 갖추었고 400여 명의 직원과 함께하고 있으며 얼마간의 자본도 있다. 그래서 이제는 나만을 위해서가 아니라 내 이웃과 국가에 뭔가 보탬이 되는 일을 찾고 있다.

그렇다고 내가 집안 배경이 좋거나 학벌이 좋았던 것은 아니다. 오히려 남들보다 훨씬 못했다. 그러나 한 가지 내세울 만한 점은 이 책의 제목대로 10미터를 더 뛰었다는 것이다. 그냥 10미터를 더 뛴 것이 아니라 목표를 확실하게 세우고 10미터를 더 뛴 것이다.

그렇게 조금씩 더 뛰다 보니 어느 시점부턴가 비약적으로 성장하기 시작했다. 이걸 임계점이라고 하지 않는가. 임계점이 올 때까지 계속 10미터씩 더 뛰어보자. 나는 6개월만 그렇게 해도 확실한 성과를 거둘 수 있으리라고 믿는다.

어떤 사람이 성공하고 어떤 사람이 망하는가

사실 사업에서의 성공 확률은 그다지 높지 않을 때가 잦다. 그동안 사업을 하겠다며 좋은 직장을 그만두는 사람을 자주 보았다. 하지만 그들 가운데 성공하는 사람은 10퍼센트에 지나지 않았다. 그리고 절반쯤은 아예 참담한 패배, 즉 망하는 걸 목격했다.

어떤 사람이 사업에서 성공하고 어떤 사람이 망하는 걸까?

학력, 나이, 자본금 규모는 성공을 결정하는 요인이 아니다. 물론 그것들도 중요할 수 있지만 '전력투구하는 능력'에 비하면 아무것도 아니다.

가방 끈이 짧고 가진 돈이 없어도 인생을 바쳐 도전한다는 정신만 있다면 악조건을 딛고 일어설 수 있다. 반면 '이거 하다가 잘 안 되면 이렇게 해야지.' 하는 식으로 안전판을 만들어놓고 시작하는 사람은 100퍼센트 실패한다. 조금만 어려워져도 자기가 파놓은 구멍 속으로 도망치는 것이다.

내가 보기에 그런 식으로 미지근하게 사업을 하다 망하는 사람은 대부분 학벌이 좋고 머리도 우수했다. 그들은 배수진을 치고 온 힘을 다해 승부를 거는 의지가 부족했다.

10여 년 전 서울대가 주관하는 영어능력검정시험TEPS에서 놀라운 결과가 나타났다. 의정부교도소가 전국 각 교도소에서 영어에 자질이 있는 재소자 29명을 모아 1년 동안 집중 교육을 한 뒤 TEPS에 응시하게 했는데 평균 723점을 받은 것이다.

특히 군 복무 중 항명죄로 복역 중이던 박 모 씨는 990점 만점에 941점을 받았다. 그 점수면 원어민 수준의 영어를 구사하고 전문 분야에 대처할 수 있는 최상급의 수준이라고 한다.

그 전년도 시험에서 서울대 신입생들의 평균 점수는 572점에 불과했다. 교도소 재소자들이 서울대 신입생들보다 머리가 우수하다고 생각하는 사람은 아무도 없을 것이다. 그러나 그들은 1년 동안 전력투구한 결과 실력으로 서울대생들을 눌렀다.

역시 10여 년 전 일이다. 당시 예순여덟 살의 장애인 이희재 씨는 광복절 기념 '한강 살리기 대회'에 출전해 잠실선착장에서 동작대교 남단까지 10킬로미터 구간을 헤엄쳐 건넜다. 젊은 선수도 건너기 어려운 거리를 장애를 가진 노인이 건넌 것이다.

이 씨는 초등학교 2학년 때 사고로 척추를 다친 뒤 평생을 장애인(척추 장애 5급)으로 살아왔는데 1989년부터 장애를 이겨내기 위해 수영을 배웠다고 한다. 그는 피나는 노력으로 수영 선수 못지않은 실력을 쌓아 그동안 각종 수영 대회에 출전해 입상을 했다.

앞의 두 일화에서처럼 성공하는 데는 나이, 학력, 재산이 중요한 요인이 아니다. 역시 중요한 것은 전력투구의 의지다. 나도 사업을 하면서 몇 번의 위기를 겪었다. 완전 무일푼으로 벼랑에 내몰리기도 했다. 그러나 절대 꺾이지 않고 일어섰다. 그것은 오로지 전력투구의 힘 덕분이었다.

아예 도망갈 구멍을 없애버리고 그 일에서 승부를 내겠다는 '신념 반 오기 반'으로 밤낮 가리지 않고 노력해 얻은 나름의 전공戰功이다.

노벨상을 받을 만한 연구나 무슨 심오한 일을 하는 것이 아니라 그저 평범한 분야에서 조그만 성공을 거두는 일이라면 시간도 그다지 오래 걸리지 않는다.

　어떤 분야든 눈 딱 감고 6개월만 인생을 걸고 매달리면 안 될 일이 없다. 나 역시 파산의 위기에서 탈출하는 데 소요된 시간은 6개월에 지나지 않았다.

Rush Again!

> 학벌이나 가문에 기대지 말자. 그런 것이 절대 밥 먹여주지 않는다. 당신의 인격을 보증해 주지도 않는다. 학벌을 따지고 가문의 체면을 따지다 보면 이것도 못하고 저것도 못하게 된다. 험한 일, 밑바닥 일을 피하게 된다. 그러면 정작 중요한 것은 배우지 못한다. 별 볼 일 없는 인생이 되는 것이다. 대신 배수진을 쳐라. 그리고 6개월간 승부를 걸어라. 그러면 임계점이 온다. 임계점을 지나면 당신은 이미 어제의 당신이 아니다.

최종 목적지에
다다르게 하는 힘, 뚝심

단언컨대 뚝심이 없으면 절대 성공할 수 없다. 일을 해 나가다 보면 반드시 위기 상황이 발생하고 마음고생을 해야 할 일이 생기게 마련이다. 참고 견뎌내야 할 시점이 오는 것이다.

그런데 그때 뚝심이 없으면 누구든 무너지고 만다. 마지막 한 고개를 넘지 못해서 목적지에 다다르지 못하는 것이다. 그래서 뚝심을 길러야 한다.

뚝심은 어떻게 기르는가?

특급 비책을 소개하겠다. 이것은 내가 직접 해본 방법이다. 지금도 나는 매일 그렇게 하고 있다. 하다 보면 뱃심이 두둑해지고 혈기가 왕성해지며 머리 회전이 빨라지고 어떤 어려움에도 무너지지 않는 힘이 생긴다.

일단 한 번 따라해보자.

매일 새벽 떠오르는 태양의 기운을 받다

나는 한때 무리한 사업 확장으로 회사가 거의 다 쓰러졌을 때 다 짐했다.

'기운이 꺾이면 모든 것이 수포로 돌아간다. 이런 때일수록 내공을 키우자.'

나는 하늘의 기운을 받기 위해 매일 새벽 뒷산에 올랐다. 태양이 솟아오르는 동쪽을 향해 서서 두 팔을 크게 벌려 태양의 기운을 손에 모은 다음, 서서히 팔을 내려 단전 쪽에 갖다 대고 기운을 불어넣었다. 그러면서 '이얍!'하고 기합을 넣었다. 그렇게 태양의 기운을 몸속에 간직하고 내려와 심기일전하여 부지런히 뛰었다.

회사는 물론 개인 재산까지 모조리 압류당하고 직원 대부분이 떠난 일촉즉발의 상황을 하루하루 버티는 것 자체가 힘들던 때다. 만약 그때 내가 산에 올라 떠오르는 태양의 기운을 받지 않았더라면 쓰러졌을 것이다.

하루는 음양의 기운이 교대한다. 아침에는 양의 기운이, 저녁에는 음이 기운이 지배한다. 하루 중에서도 해가 뜰 무렵은 양의 기운이 최고조에 달하는 시간이다. 옛 도인들은 그 시간에 치솟는 양의 기운을 받아 뱃심을 길렀다고 한다.

일찍 일어나야 하는 이유는 이처럼 자명하다. 양의 기운을 몸속에 받아들여 에너지가 충만하도록 함으로써 하는 일에 힘을 주고 건강을 지킬 수 있기 때문이다.

상상해 보라. 아침 해의 기운을 받아 뱃심을 기르는 사람에게 우울증이나 불면증이나 무기력증이 찾아올 수 있을까?

뚝심은 훈련으로 만들어진다

개나 고양이가 잠에서 깨는 것을 본 적이 있는가?

녀석들은 눈을 뜨자마자 벌떡 일어서는 법이 없다. 웅크리고 있다가 잠에서 깨면 설레설레 고개를 흔들고 한바탕 기지개를 켠 뒤 자리에서 일어난다. 그런 동물들에게는 신경통이나 요통이나 고혈압 등의 질병이 없다고 하지 않는가.

사람도 마찬가지다. 눈을 뜨면 손가락과 발가락에 살짝 힘을 주고 활짝 기지개를 켠 뒤 목을 몇 차례 흔든 다음 일어서는 것이 좋다. 그렇게 해야 오장 육부와 뼈대가 제자리를 잡는다. 그런 다음 물을 한 사발 들이켜고 지체 말고 산으로 올라 떠오르는 태양을 맞아라.

그러면 당신의 세상이 열릴 것이다.

근성을 내 식대로 표현하면 뚝심쯤 되겠다. 사실 제일 무서운 사람은 뚝심 있는 사람이다. 아무리 머리가 좋고 능력이 뛰어나도 뚝심이 없는 사람은 작은 성공에 그칠 것이다. 그러나 한번 마음먹은 것은 반드시 해내고야 마는 뚝심 있는 사람은 뭐가 달라도 다르다.

성공하려면 뚝심이 있어야 한다. 부자가 되려면 근성이 있어야 한다. 한번 마음먹은 것을 기어이 해내는 의지의 소유자여야 한다. 물론 뚝심을 갖기도 쉽지는 않다. 그러나 반복적인 훈련과 노력으로 얼마든지 뚝심을 만들 수 있다.

뚝심을 기르는 특급 훈련법을 소개하겠다. 꼭 그렇게 해보라. 정말 뚝심이 길러진다. 당신은 어떤 고난에도 굴하지 않는 강철 인간으로 다시 태어난다.

뚝심을 길러 주는 김영식의 특급 훈련법

- 아침에 해가 뜰 무렵 산으로 올라간다(주위에 산이 없다고 핑계 대지 말 것).
- 해가 뜨는 동쪽을 향해 기마 자세로 선다.
- 손을 펴고 두 팔을 하늘을 향해 쭉 뻗어 올린다.
- 하늘로 향한 손끝을 약 1분간 좌우로 흔들어 준다(매우 중요하다).
- 그러면 손끝에 찌릿찌릿한 기운이 느껴진다. 그때 하늘의 기운, 즉 '천기'를 잡는 기분으로 두 주먹을 불끈 쥔다.
- 천기가 두 주먹에 잡혔다는 느낌이 올 때 주먹을 서서히 당겨서 배꼽 밑의 9센티미터 지점(단전)에 가져다 댄다. 두 주먹에 잡힌 천기를 내 몸 안으로 집어넣는 것이다.
- 그 상태에서 기합을 넣는다. 기합은 '야호~'처럼 길게 끌면 기

운이 빠져나간다. '이얍!' 하고 짧게 끊어줘야 한다.

- 이와 같은 방법으로 3회를 반복하면 몸속의 오장 육부가 꿈틀거림을 느낄 수 있다. 자기도 모르게 용기가 생기고 눈이 초롱초롱해진다.

- 그때 다음과 같이 자신의 목표를 큰 소리로 외친다. "홍길동은 과장으로 승진한다!" "나는 올해 2,000만 원을 저축한다!" 등등.

'골프 치는 놈들, 벤츠 타는 놈들' 욕하지 마라

다음은 1998년 12월 어느 날의 내 일기다.

너무나 부럽다. 다른 회사 직원들이 사장님이랑 삼겹살 구워 먹으며 회식하는 모습이 부럽다. 불과 몇 개월 전만 해도 200여 명이던 직원들이 모두 온데간데없고 딸랑 여직원 한 명과 나……. 나도 빨리 돈 벌어 직원들과 삼겹살 맛나게 구워 소주와 함께 회식할 것이다.

퇴근한 뒤 손가방을 들고 여관으로 가고 있었다. 먹자골목을 지나 치는데 삼겹살 냄새가 코를 찔렀다.

나는 5,000원짜리 밥이 너무 비싸 못 사 먹고 소주 한 병과 소시지 하나로 끼니를 때우고 있었기에 그들이 정말 부러웠다. 나도 직원들과 함께 삼겹살을 구워 먹고 싶었지만 함께 먹을 직원도 돈도 없었다. 그때 '빨리 돈 벌어 직원들과 맛나게 삼겹살 구워 먹어야지.' 하고 다짐했던 것이다.

당시 사업하는 내 친구들은 벤츠를 타고 골프를 치러 다녔다. 내가 바닥에 있는 줄 뻔히 아니까 친구들은 나한테 골프 치러 가자는 말을 안 했다. 친구라도 처지가 다르면 같이 놀기가 어려워지는 법이다. 하지만 나는 그런 친구들을 존경하고 부러워했다.

"그래, 너를 존경한다. 네가 잘했으니까 좋은 차 타고 골프도 치지. 나도 빨리 일어서서 너랑 함께 골프 치러 가마."

나는 하루빨리 그날이 오기를 간절히 원했다.

지금 나는 벤츠를 타고 골프도 치러 다닌다. 돈 벌었다고 자랑하는 이야기가 아니다. 돈을 벌면 벤츠를 타야 한다는 이야기도 아니다. 벤츠를 타든 버스를 타든 그건 자유다. 그러나 돈은 버는 게 좋다. 그래야 남도 도울 수 있는 것 아닌가.

나는 대학생들을 상대로 강연을 자주 하는 편이다. 강연을 끝내기 10분 전쯤에는 꼭 이렇게 말한다.

"여러분, 혹시 '골프 치는 놈들, 벤츠 타는 놈들' 하고 욕할 사람 있으면 손 한번 들어보세요."

학생들은 아무도 손을 들지 않는다. 이미 내 얘기를 들었기 때문이다. 아마도 그들 중 일부는 과거에 '골프 치는 놈들, 벤츠 타는 놈들'이라고 욕하곤 했을 것이다.

나는 이렇게 말해준다.

"제가 바로 골프 치는 놈, 벤츠 타는 놈입니다. 여러분 저한테 욕할 수 있겠습니까? 여러분도 성공해서 골프 치고 벤츠 타십시오."

만약 내가 그 시절에 잘나가는 친구들을 가리켜 '골프 치는 놈들, 벤츠 타는 놈들' 하고 비아냥거렸다면 지금 벤츠는커녕 중고차도 타지 못하고 밥값 5,000원이 없어 식당에도 들어가지 못할 것이다.

이 대목에서 독자들에게 단도직입적으로 묻고 싶다.

"정말 골프 치기 싫습니까? 정말 벤츠 타기 싫습니까?"

그게 그렇게 싫다면 '골프 치는 놈들, 벤츠 타는 놈들'이라고 말해도 상관없다. 그러나 골프 치고 싶어도 돈이 없어 치지 못한다면, 벤츠 타고 싶지만 돈이 없어 타지 못한다면, 그런 말을 삼가야 한다.

이 말을 듣고서도 뜨끔하지 않다면

적어도 부자로 살아보겠다고 결심한 당신이라면 이제는 그런 저주의 말과 이별하는 것이 좋다. 왜 그럴까? 저주의 말을 퍼부으면 말의 저주가 시작되기 때문이다.

나도 모르는 사이에 세상과 돈 많은 사람들을 향해서 저주의 말을 날려보내면, 그 말이 저주의 화살이 되어 나의 가슴에 꽂히게 된다.

이런 이치를 모르고 사람들은 아무렇지도 않게 "돈 많은 놈들" "골프 치는 놈들" 하고 내뱉는다.

주위를 한번 돌아보자. 그런 말을 하는 사람 중에 벤츠 타는 사람이 한 사람이라도 있는지. 다시 한 번 돌아보자. 벤츠 타고 다니는 사람 중에 그런 말을 하는 사람이 있는지.

물론 이미 그 사람은 그런 말을 할 필요가 없게 되었다. 중요한 건 이거다. 그 사람은 벤츠 타기 전에도 '벤츠 타는 놈들'이라고 저주하지 않았다는 것이다.

과거에 부자로 살아보겠다고 결심했음에도 아직 부자가 되지 못했다면 지금까지의 언어 습관, 특히 무심결에 내뱉는 말들을 되돌아볼 필요가 있다.

그동안 습관처럼 저주의 말을 내뱉지 않았는가? 무심결에 '돈 많은 놈들' 하고 비아냥거리지 않았는가? 부富를 부러워하기보다는 시기하거나 질투하지 않았는가?

이 대목에서 뭔가 뜨끔하다면 당신에게는 희망이 있다. 싹이 엿보인다는 얘기다. 이제 의식적으로 바로잡기만 하면 된다. 그러나 만약 '에이, 설마 그런 말 때문에……' 한다거나 이제껏 그런 말을 해온 것에 대해 아무런 거부감도 갖지 못한다면, 부자 될 생각은 그만 접어야 한다. 앞으로도 영영 '골프 치는 놈, 벤츠 타는 놈'으로 살 수 없다는 것이다.

Rush Again!

> 부자가 되고 싶으면 부자를 존경하라. 닮고 싶은 부자 한 사람을 정해 그의 삶을 연구하고 그대로 따라해보라. 그리고 '나도 존경받는 부자가 되고 싶다'고 자꾸 외쳐보라.

간절히 원할 때
인忍의 능력이 나온다

기원전 180년경 중국 초나라의 어느 마을. 기둥서방 노릇까지 마다치 않으며 웅지雄志를 감추고 지내던 젊은 한신. 그는 빼어난 지략과 매서운 칼 솜씨의 소유자였다.

어느 날 동네 건달들이 시비를 걸어왔다.

"그 칼 솜씨를 구경하고 싶구나. 한판 붙어보자. 겁이 난다면 내 가랑이 사이를 기어가라. 그러면 살려주겠다."

용감하게 결투를 하든지 굴복하든지 택하라는 것이었다.

사실 동네 건달 몇 명쯤이야 한신에게는 일거리도 되지 않았다. 하지만 한신은 굴복을 선택했다.

비굴한 표정을 지으며 몸을 굽혀 건달들의 가랑이 사이를 지나갔다. 이 일이 있은 뒤 사람들은 그를 배알조차 없는 자라 여겼다. 이렇게 한신은 자신을 숨길 수 있었다.

한때 초나라에서 항량과 항우를 섬겼던 한신은 유방 휘하에 들어가 훗날 대장군이 되었다. 그는 꼭 필요한 때 용맹과 지략을 유감없이 발휘해 초군을 대파하여 천하 통일의 결정적 공로를 세웠다.

영웅 한신이 없었더라면 중국 천하는 당연 항우의 손에 들어갔을 것이다. 한신은 지금도 중국 역사상 가장 탁월한 장수의 한 사람으로 평가받고 있다.

한신이 남긴 유명한 서예 작품이 있다. 참을 인忍 자를 쓴 작품이다. 중국에서 그의 작품은 지금도 대단한 인기를 끌고 있다. 정관계는 물론 기업의 엘리트들도 이 작품의 모사본을 소유하고 때마다 쳐다보면서 인忍의 지혜를 새기곤 한단다.

한신은 인忍이 무엇인가를 몸으로 보여준 표본이다.

'참는 것'은 고도의 능력

참아야 할 때 참고 견뎌야 할 때 견디는 것의 중요성을 모르는 사람이 누가 있겠는가. 그래서 지갑이나 책상 서랍 속에 참을 인忍 자를 써놓고 화나는 일이 생길 때마다 들여다보는 사람이 꽤 많다.

그러나 중요성을 단지 알기만 하는 것과 실제 그렇게 할 수 있느냐 하는 것은 별개의 것이다. 막상 상황이 닥치면 참는 것이 결코 쉬운 일이 아님을 알게 된다. 참는 것은 일종의 능력, 그것도 고도의 능력에 속한다.

자, 그렇다면 한신의 참는 능력은 어디에서 나온 것일까? 무엇이 젊은 한신으로 하여금 동네 건달들의 수모를 견디게 하였는가?

그에게는 소중한 꿈이 있었다. 자신의 인생을 통째로 걸고 간절하게 원하던 것이 있었다.

천하 통일의 야망이었다. 그 소중한 바람이 한신으로 하여금 기꺼이 그리고 거뜬히 굴욕을 감수토록 하였다. 만약 간절히 원하던 무언가가 가슴속에 분명히 새겨져 있지 않았더라면 그는 동네 건달들을 단칼에 베고 말았을 것이다. 결국 인忍의 능력은 간절히 원하는 것으로부터 나오는 것이다.

그 사람의 몸과 마음에 간절히 원하는 무언가가 분명히 박혀 있을 때 인忍은 상처를 견디는 고된 노동이 아니다. 지극히 자연스러운 것이다. 참아야 할 때 그저 참는 것일 뿐이다.

Rush Again!

목표가 분명하고 소망이 확실한 사람은 부끄러움을 모른다. 고생이 고생인 줄도 모른다. 모든 것이 목표와 소망 속으로 녹아드는 것이다. 그리고 아이디어도 쏟아져나온다. 당신을 원하는 위치로 들어 올려줄 바로 그 아이디어 말이다.

'간절히 원하는 그 무엇'

돌아보건대 나는 스물네 살에 첫 직업을 가진 뒤 30년 넘게 사업을 하면서 숱한 고비를 넘겼다. 겉으로만 보면 거의 절망에 가까운 상황이 한두 번이 아니었다.

대단한 업적을 남긴 것은 아니지만 고용 규모 200여 명의 기업을 부채 없이 순탄하게 경영할 수 있었던 것은, 절망적인 순간에도 절망하지 않고 상황을 그저 덤덤하게 여기며 나름대로 세운 목표를 향해 한 걸음 한 걸음 걸어온 덕분이다.

만약 내게 간절히 원하는 무엇인가가 뚜렷하게 내 머리와 가슴속에 새겨져 있지 않았더라면 전혀 불필요한 상황에서 '보검寶劍을 함부로 휘두르는' 우를 범하고 말았을 것이다.

나는 필요할 때 필요한 인忍을 행하는 능력은 '간절히 원하는 그 무엇'으로부터 나온다고 확신한다.

도쿠가와 이에야스의 유훈遺訓을 소개한다. 임진왜란 당시 적장이기에 쉽사리 받아들여지지 않는 인물이지만, 여기서는 그의 인忍의 교훈만을 보려 하는 것이다.

'사람의 일생은 무거운 짐을 지고 먼 길을 걷는 것과 같다. 서두르면 안 된다. 무슨 일이든 마음대로 되는 것이 없다는 것을 알면 굳이 불만을 가질 이유가 없다. 마음에 욕망이 생기거든 곤궁할 때를 생각하라. 인내는 무사장구無事長久의 근본이다.'

가난한
당신에게

리어카를 끌고 장사를 하려 해도 리어카 살 돈이 없다. 공부를 해야겠는데 배울 돈이 없다. 그렇다 해도 절대 기죽지 말라. 장사는 돈으로 하는 것이 아니다. 공부도 돈으로 하는 것이 아니다. 당신의 꿈을 이루어주는 것은 돈이 아니라 당신의 의지다. 나는 빈털터리로 시작하려는 사람을 진심으로 응원한다.

나의 신혼 생활은 보증금 3만 원에 월세 7,000원의 슬레이트 집 단칸방에서 시작되었다. 그때가 스물일곱 살인 1977년이었다. 아내는 월세가 부담된다며 좀 무리를 해서라도 보증금을 더 보태 월세가 적은 집으로 이사를 하자고 했다.

우리는 열심히 저축해서 1년 만에 보증금 20만 원에 월세 3,000원의 집으로 이사를 했다. 역시 단칸방이었지만 방이 좀 더 컸고 월세 부담이 적어서 좋았다. 우리는 그 집에서 2년을 사는 동안 80만 원을 더 모을 수 있었다. 그 돈을 보태 보증금 100만 원에 월세 4만 원의 집으로 옮겼다. 방이 그동안 살던 집들보다 훨씬 커서 마치 천국에 온 것 같았다.

그러나 거기서 만족할 수는 없었다. 아내에게는 한 가지 소원이 있었다. 이제 아이들도 있고 하니, 방 두 칸 집에서 살아보았으면 원이 없겠다는 것이었다.

그 소원은 2년 만에 이루어졌다. 우리는 보증금 800만 원에 월세 4만 원의 방 두 칸 집으로 옮길 수 있었다. 정말 우리 부부와 두 아이 살기에 딱 좋은 집이었다. 방 두 칸을 장만한 그때가 1985년이다.

이제 아내의 새로운 목표는 '내 집'을 장만하는 것이었다. 우리 부부는 더는 내려갈 데라고는 없을 정도로 가진 것 없이 출발했기에 계속 오르막만 탔다.

마침내 우리 식구는 그 꿈을 이루었다. 꼭 2년 만인 1987년, 내 나이 서른일곱에 부산 대연동의 89제곱미터(27평) 아파트를 사서 입주했다. 감격이었다. 우리 식구에게 생애 최고의 순간이었다. 지금도 우리는 그 기쁨을 잊지 못하고 있다.

돈으로는 살 수 없는 '꿈'

나는 지금 사업을 하면서 어음을 일절 쓰지 않고 은행에 빚을 진 것도 없기 때문에 무리하게 신규투자만 하지 않는다면 이변이 없는 한 망하지는 않을 것 같다.

그렇다면 그다음은 무엇인가? 사업가로서 늘 염두에 두지 않을 수 없다. 모두 처분하고 편안히 살 수도 있다. 하지만 그것은 지금껏 부지런히 살아온 이력이 있기에 생리에 맞지 않다. 나이 들어 노동력이 쇠진해지면 모르겠지만 어차피 들어선 사업의 길, 이왕이면 더욱 번창시켜야겠다는 생각이다.

그렇게 해서 물건과 돈이 쉬지 않고 돌게 하고 끊임없이 고용을 늘려가는 것이 기업가로서 사회에 이바지하는 길이 아닌가 생각된다.

지금 나의 생활 수준은 딴판으로 달라졌지만 어려웠던 그 시절, 참으로 아름다웠던 열정의 그 시절을 나는 절대 잊지 않는다. 그때가 성취하는 기쁨이 훨씬 컸고 행복했기 때문이다.

나는 최소한 일주일에 한 번은 부산과 서울에서 직원들을 상대로 강연한다. 내가 사업하며 겪은 이야기를 들려주면서 회사를 위해서가 아니라 본인과 가족을 위해 부지런히 일하라고 당부한다. 지금 받는 것보다 더 많이 일하면 언젠가는 일하는 것보다 훨씬 더 많이 받게 될 것이라고, 내 경험을 들어 설명해준다.

그러면서 나는 그들을 쳐다본다. 20~30대의 젊은 직원들, 얼마나 좋은 나이인가. 비록 그들이 나보다 가진 것은 적지만 꿈은 훨씬 많을 것이다. 그래서 그들이 부럽다. 그들을 보고 있노라면 나도 그 시절로 돌아가고 싶어진다.

가진 것 없이 시작하는 젊은이에게

나는 가진 것 없이 시작하는 젊은 사람들을 좋아한다. 내가 그랬기 때문이다. 그들에게는 돈으로 살 수 없는 '꿈'이 있다. 아직 집을 장만하지 못하고 집안 경제를 떠맡은 가난한 젊은이가 이 글을 본다면 말해주고 싶다. 지금이 가장 행복한 때라고. 그러나 그 행복에는 조건이 따른다. 첫째, 꿈이 있어야 한다. 둘째, 그 꿈을 이루기 위해 노력해야 한다. 그러면 언젠가 그는 내 집 마련이라는 생애 최고의 기쁨을 맛보게 될 것이다. 하지만 가진 것도 없고 꿈도 없고 노력도 없다면, 하느님이라 해도 구제할 길이 없다.

또 돈만 있을 뿐 꿈이 없고 노력도 없는 자는 십중팔구 낭비와 방탕의 길로 빠지게 된다. 언젠가 그는 가진 게 아무것도 없는 사람으로 전락하고 말 것이다. 나는 그런 부류들에게 행복이란 애초에 존재하지 않는다고 생각한다.

2장

넘어졌다? 바로 그 자리에서 승부를 보라

자기 분야에서 기필코 성공을 거두겠다면 다른 방법이 없다.
우선 부지런히 달려야 한다.
부지런히 달리는 사람을 당해 낼 장사는 아무도 없다.
아무리 머리 좋은 경쟁자라도 이런 사람은 못 따라온다. 그렇게 뛰려면
이를 악무는 것 가지고는 안 된다. 즐겨야 한다. 사명감을 가져야 한다.
그래야 비로소 부지런히 뛸 수 있는 힘이 나온다.
천재는 노력하는 사람을 이길 수 없고, 노력하는 사람은
즐기는 사람을 이길 수 없는 법이라고 하지 않는가.

말벌처럼 달려라, 당신은 할 수 있다!

스타디움에 들어선 마라톤 선수가 결승점을 향해 마지막 트랙을 돌고 있다. 드디어 골인. 그런데 웬걸 이 선수가 한 바퀴 더 도는 것이 아닌가. 그의 인터뷰가 걸작이다.

"내일 또 뛰고 말 거야!"

한때 유행했던 광고 카피다.

한번 쏘았다 하면 사람도 죽이는 말벌은 쉬지 않고 100킬로미터를 단번에 날아간다고 한다. 나도 말벌처럼 하루 100킬로미터를 달리던 시절이 있었다. 그때 내 나이 스물넷, 군 제대 말년이 되자 사회에 나가면 뭐 하고 살 건지 슬슬 걱정되기 시작했다.

마침 흉금을 터놓고 지내던 한 부하가 내 걱정을 눈치챘는지 좋은 정보를 주었다. 자기 형이 서울 신촌에서 '일일공부'라는 초등학생 학습지 사업을 하는데 꽤 잘나간다면서 견학을 시켜주겠다고 했다.

제대 후의 일거리를 알아보러 토요일에 서울 신촌으로 부하와 함께 외출을 갔다. 가서 보니 아닌 게 아니라 가능성이 있는 사업이었다. 나는 제대하면 일일 학습지 사업에 뛰어들리라 마음먹었다.

제대하고 곧바로 고향 고성(경남)에 내려가 일일 학습지 대리점을 알아보았다. 마침 '일일공부'라는 학습지 지국을 운영하던 사람이 팔겠다고 했다.

당시 그 지국에는 총 90명의 회원이 있었다. 그러니까 90부를 돌리고 있었던 것이다. 1부당 구독료 300원씩 치고 권리금을 포함해 총 20만 원에 넘기겠다고 했다.

나는 아버지에게 사정했다. 처음이자 마지막으로 손을 벌리니 20만 원만 주시라고. 그러자 아버지는 남이 장사가 안 되어 내놓는 건데 왜 굳이 그걸 하려느냐며 핀잔을 주시더니 결국 20만 원을 주셨다.

그렇게 사업 자금 20만 원을 마련한 나는 제대한 지 5일 만에 사업에 뛰어들었다. '일일공부'를 인수했으니 부수 확장이 관건이었다. 하나라도 더 확장하려면 발이 닳도록 돌아다니는 수밖에 없었다.

한 집이라도 더 방문해야 부수가 나온다. 말벌이 한 번에 100킬로미터를 날아간다고 한다. 믿어줄지 모르겠지만 나도 하루에 100킬로미터를 달렸다. 낡은 자전거를 타고 내 고향 고성의 비포장도로를 누볐다. 산을 넘고 물을 건너며 고성군의 모든 면과 리를 이 잡듯이 뒤졌다. 계산해 보면 하루 100킬로미터쯤 된다. 아마 매일 100킬로미터를 승용차로 달린다고 해도 그렇게 만만한 거리가 아닐 것이다.

처음에는 발이 부르트고 자전거 안장에 오래 앉아 있다 보니 골반이 으스러지는 것 같았다. 그러나 계속하다 보니 어느덧 적응되어 신체적 부담 없이 달릴 수 있었다. 이런 이야기를 들려주면 어떤 사람은 무척 고생했다며 나를 위로해 주기도 한다. 그러나 그건 그의 생각일 뿐이다.

'말벌 100킬로미터'의 시절은 육체적으로는 고됐지만 서럽다는 생각은 한 번도 들지 않았다. 하루하루가 부수를 늘려가는, 성취의 기쁨으로 가득한 날들이었다. 큰 산을 넘어가 갈 수 있는 고성 동해면에 사는 한 초등학생을 가입시키기 위해 하루도 쉬지 않고 한 달간 방문한 적도 있다. 물론 그 학생도 결국 가입을 했다.

나는 다른 지국과 달리 학생 한 사람 한 사람의 시험지를 정성껏 채점하고 개인 지도 서비스까지 해주었다. 내게 회원 가입을 한 학생들 성적이 오르면서 입소문이 나자 부수가 급속도로 확장되기 시작했다.

학습지를 배달하고 채점하고 지도하는 일을 자전거 한 대로 해냈다. 그 결과 나는 두 달 만에 90부이던 부수를 550부로 늘려놓았다. 460부를 확장한 것이다.

당시 전국 최고의 기록이었다. 경남권 '일일공부' 지국 관계자들이 나의 부수 확장은 그야말로 경이적인 기록이라면서 그 노하우를 가르쳐달라고 청했다.

나는 세 가지를 알려주었다. 첫째, 말벌처럼 하루 100킬로미터를 달리고 또 달려라. 많이 달려야 부수가 많이 나온다.

둘째, 목표 고객을 찍었으면 가입할 때까지 그 집을 계속 방문하

라. 거절한다고 포기하지 말고 가입할 때까지 방문하라. 가입시키기 어려운 사람을 가입시켰을 때 비로소 부수 확장이 이루어진다. "저 집 아이가 가입할 정도면 그 학습지 정말 괜찮은 거 아닐까." 하는 말이 나돌아 부수가 급격히 늘어나는 것이다.

셋째, 학생에게 개인 지도 서비스를 해주어라. 그렇게 성의를 보여주면 가입 기간이 연장된다.

이렇게 세 가지를 알려 주었지만, 그 노하우는 학습지에 인생을 거는 사람이 아니고서는 도저히 실천할 수 없는 것이었다.

몇 달 지나자 내게 지국을 넘겼던 사람에게서 연락이 왔다. 다시 자기한테 팔라는 것이었다. 그가 제시한 조건은 100만 원이었다. 내게 20만 원에 넘겼다가 사업이 잘되자 100만 원에 다시 인수하겠다는 것이었다.

나는 그의 제안을 정중히 거절하고 그 뒤 몇 달간 계속하다가, 당시 부산에서 학원 강사를 하시던 형님에게 인계했다. 그리고 나는 다시 내 '말벌 근성'에 맞는 새로운 사업을 찾아 나섰다.

성공에는 다른 방법이 없다

자기 분야에서 기필코 성공을 거두겠다면 다른 방법이 없다. 우선 부지런히 달려야 한다. 부지런히 달리는 사람을 당해낼 장사는 아무도 없다.

아무리 머리 좋은 경쟁자라도 이런 사람은 못 따라온다. 물론 그렇게 뛰려면 이를 악무는 것 가지고는 안 된다.

즐겨야 한다. 사명감이 있어야 한다. 그래야 비로소 부지런히 뛸 힘이 나온다. 천재는 노력하는 사람을 이길 수 없고 노력하는 사람은 즐기는 사람을 이길 수 없는 법이라고 하지 않는가.

무엇보다 소중한 자기의 목표 성취를 위해 말벌처럼 뛰고 또 뛰겠다는 젊은이들, 그들의 인생에 축복이 내리기를!

Rush Again!

이걸 꼭 기억하자.
'천재는 노력하는 사람을 이길 수 없다. 노력하는 사람은 즐기는 사람을 이길 수 없다.'

거센 파도가
유능한 선장을 만든다

앞에서 말했듯이 나는 스물네 살에 '일일공부'라는 배달 학습지 지국을 운영했고 스물다섯 살에는 신발 깔창을 만들어 파는 일을 했다. 그렇게 작은 장사를 하다가 서른 살이 된 1980년 비로소 큰 돈을 만져보았다.

1980년은 '세계 금연의 해'였다. 금연을 사업화하면 돈이 벌릴 것 같았다. 그래서 연구 끝에 '담배 끊는 담배', 즉 금연파이프를 만들기로 했다.

그때 나는 현대자동차에서 만든 포니 원 승용차를 타고 다녔다. 당시 포니 원은 국산 최고급 차로 가격이 약 600만 원, 지금의 에쿠스라고 보면 된다. 나는 그 차를 150만 원에 처분해 사업 자금을 마련했다.

일단 결심을 하고 난 후 직접 공장을 돌아다니면서 금형을 맞추고 각종 재료를 구입했다.

그러나 돈이 모자랐다. 파이프 금형이 문제였다. 새로 금형을 떠서 만들기에는 돈이 턱없이 부족해 이미 만들어진 제품을 구입하기로 하고 부산에 있는 공장들을 샅샅이 뒤졌다.

그러다 볼펜 자루를 만들었다가 길이가 맞지 않아 납품을 못하고 창고에 쌓아둔 어떤 사람을 만나게 되었다. 나는 그것을 싼값에 인수하여 절단기로 잘라 금연 담배의 파이프로 사용했다.

어렵사리 제품을 완성한 다음, 파는 일이 남았다. 금연파이프를 팔기 위해 가장 먼저 해야 할 일은 내가 먼저 담배를 끊는 것이었다. 담배를 피우면서 금연 사업을 할 수는 없는 일.

사업을 위해 그 자리에서 담배를 끊었다. 흡연의 해악과 금연 방법을 담은 차트도 만들었다. 쾌적함을 상징하는 하얀 모자를 쓰고 하얀 장갑을 낀 채 '금연합시다'라고 적힌 리본을 가슴에 달았다.

나는 이렇게 해서 '금연 홍보 요원'으로서 모든 것을 갖추고는 임대한 판매용 차량을 몰고 부산 충무동 오거리로 나갔다. 그리고 거리에서 핸드 마이크를 들고 차트를 넘겨가며 금연의 필요성에 대해 역설하기 시작했다. 대성공이었다. 3시간 30분 만에 무려 39만 8,000원어치를 팔았다(당시 대기업 신입 사원 초봉이 30만 원도 안 됐다).

그렇게 이틀 동안 팔고 다녔더니 소문이 나기 시작했다. 여기저기서 금연파이프를 팔겠다는 업자들이 달려들고 전국적으로 금연 사업에 불이 붙었다. 그 뒤로는 땅 짚고 헤엄치기였다. 그렇게 6개월 동안 6,000만 원 이상의 이익을 남겼다. 당시 대학 등록금이 50만 원이 채 안 되었으니까 무척 큰돈이었다.

그런데 갑자기 많은 돈이 주머니에 들어오니 보이는 게 없었다.

건방 기가 흐르고 겁이 없어졌다. 돈을 물 쓰듯이 쓰고 다녔다.

자만심이 망치가 되어 두들기다

사업을 더 키우고 싶었다. 그래서 다음 해에는 장난감과 주방 용구 사업을 한꺼번에 시작했다.

그러나 예전처럼 뜻대로 되지 않았다. 사업 확장에 너무 많은 돈을 쏟아 붓는 바람에 순식간에 무일푼이 되었다. 돈을 너무 빨리 너무 많이 번 탓에 자만심이 생겼고, 그것이 지나쳐 망치로 흠씬 얻어맞은 것이다. 그러나 나는 좌절하지 않았다. 다시 맨손으로 시작했다. 새로운 사업 아이템을 잡아 또다시 직접판매에 나섰다.

나는 그때 전국 각지를 거의 다 돌아다녔다. 연고도 없이 시외버스를 타고 아무 데나 가서 팔았다. 판매는 버스 안에서부터 시작되었다. 버스를 타면 우선 물건을 살 만한 사람을 물색해 그 옆에 앉았다. 버스가 목적지에 도착할 때까지 옆 사람과 대화를 나누면서 물건을 팔았다. 그러면 교통비와 식비는 떨어졌다.

버스에서 내리면 아무 곳이나 들어가 사정을 설명했다. 내 물건을 살 만한 사람을 소개해 달라고 했다. 10명을 만나 1명을 소개받기도 하고 30명쯤 만나 1명을 소개받을 때도 있었다. 소개를 받으면 즉시 찾아가 대리점 계약을 하고 다음 장소로 이동했다. 그 버스 안에서 다시 옆 사람에게 물건을 팔았음은 물론이다.

대리점 계약을 맺은 사람들이 우리 사무실을 방문하면 대개 실망했다. 겨우 6.6제곱미터(2평) 남짓한 사무실에서 사업한다고 하니 의심이 들 수밖에.

하지만 나는 또 열심히 설득했다. 그러면 대부분 수긍을 하고 정식 계약이 성사되었다. 아마 내 열정적인 모습을 보고 믿어준 것이 아닌가 싶다.

이렇게 발로 뛰면서 사업 기반을 만들어 서른네 살이던 1984년 마침내 천호식품을 설립해 저주파 치료기 생산을 시작으로 지금까지 건강 사업을 해오고 있다.

시련이 나를 단련시키다

뒤를 돌아보면 끔찍하기만 하다. 다시 하라면 할 수 있을까?

그러나 오늘날 안정된 사업 기반을 갖추게 된 것은 당시 직접 발로 뛰며 사업을 일구고 시련 속에서 나 자신을 단련시킨 덕분이다. 거센 파도가 유능한 선장을 만들고 뜨거운 불에 달구어진 쇠가 좋은 연장이 되는 법이다.

그래서 나는 사업을 시작하는 젊은이들을 만나면 밑바닥 정신으로 일하라고 주문한다. 무슨 일이든 처음에는 발로 뛰어야 한다. 세파에 시달리지 않고 얻은 성공은 쉽게 허물어진다.

나는 앞으로 내 사업이 곤두박질칠 일은 거의 없을 것으로 생각한다(물론 곤두박질친다 해도 다시 시작하겠지만). 사업의 밑바닥을 두루 거치면서 치열하게 단련되었기 때문이다.

나는 직접 제품을 만들고 팔아 이 분야에 관한 한 전문가이고, 건강식품 사업 외의 분야에는 투자할 생각이 없다. 또한 일절 외상 거래를 하지 않고 어음을 발행하지 않기 때문에 사업이 꺾일 일은 거의 없다고 믿는다.

나이와 관계없이 성공을 꿈꾸는 모든 이에게 다시 한 번 말해주고 싶다. 거센 파도가 유능한 선장을 만든다고, 거센 파도를 두려워하지 말라고.

Rush Again!

없는 돈을 탓하지 마라. 보잘것없는 학력을 탓하지 마라. 사업은 돈이나 학력으로 하는 것이 아니라 지혜로 하는 것이다. 돈이나 학력이 부족하다고 생각조차 부족한 것은 아니다. 오직 당신의 '부족한 생각'만을 탓하라. 한국의 정주영 회장, 일본의 마쓰시타 고노스케 회장은 재산도 학력도 최하위권이었지만 '최고의 생각'을 했고, 바로 그 생각이 그들을 최고로 이끌었다.

체험이 가장 좋은
비즈니스 소스다

청국장을 먹고 말기 암을 고친 어떤 주부는 청국장 사업으로 대박을 터뜨렸다. 요리하다 팔에 화상을 입은 한 주부는 황토를 바르고 나은 뒤 그 신기한 체험을 황토 화장품 사업으로 발전시켜 연간 수백 억 원대의 매출을 올리고 있다. 손으로 글씨 쓰는 취미를 가진 한 젊은 여성은 손 글씨 회사를 창업해 입지를 굳혔다. 카레이싱이 취미인 어떤 젊은 남자는 카레이서 의류 회사를 차려 패션계에서 승승장구하고 있다.

많은 경우 성공 사업은 창업자 자신의 직접 체험에서 탄생한다. 간절한 체험으로 만들어진 사업은 쉽게 망하지 않는다. 그 속에는 창업자들의 불타는 열정, 사업의 가치에 대한 확신이 있기 때문이다. 부자가 되겠다고 결심한 사람은 자신의 절실한 체험을 놓치지 않는다.

천호식품이라는 건강식품 회사는 나의 체험에서 비롯되었다.

1986년 여름, 바다낚시를 가기 위해 장비를 구입하고 기분 좋게 술을 마셨다. 그런데 한 잔 두 잔 마시다 그만 과음을 하고 말았다. 만취 상태로 운전대를 잡았다. 차가 별로 없던 시절이라 음주 단속이 그리 심하지 않았다. 게다가 나는 무사고 경력 18년이었다. 1968년에 당시 최연소(18세)로 운전면허를 따고 스물네 살부터는 이런저런 세일즈를 하면서 차를 몰고 안 다녀본 데가 없을 정도로 전국을 누빈 나였다.

"이깟 술 좀 마셨다고 18년 무사고가 어디 가나?"

그렇게 큰소리를 치고 운전을 하다 사고를 내고 말았다. 새벽 2시 30분경, 느닷없이 '꽝' 하는 소리와 함께 몸에 충격이 전해졌다. 눈을 떠보니 차가 전봇대를 들이받은 상태였다. 게다가 왼쪽 팔이 떨어져 제멋대로 덜렁대고 있는 것이 아닌가. 술이 덜 깨 모든 게 마치 꿈만 같았다.

무심코 '아! 팔이 떨어졌군!' 하는 생각이 들 뿐 별로 당황하지도 않았다. 그런데 이마에서 따뜻한 게 옷으로 뚝뚝 떨어져 내렸다. 피였다. 철철 흐르는 피를 만지자 정신이 번쩍 들었다. 비로소 내가 음주 운전을 했다는 자각이 생겼다.

한동안 깁스를 하고 지내는 신세가 되었다. 동물의 뼈는 부러져도 시간이 지나면 붙는 속성이 있다. 그런데 내 팔은 어찌 된 영문인지 3~4개월이 지나도 붙지를 않았다. 6개월까지 그 상태가 계속되자 의사가 좀 더 기다렸다가 그냥 수술하자고 말했다.

그때 누군가가 "뼈 붙게 하는 데는 달팽이가 최고"라고 귀띔해주었다. 그 말을 들은 나는 어차피 수술할 바에는 한번 먹어나 보자며 달팽이를 달여 열심히 먹었다. 그랬더니 거짓말같이 뼈가 붙는 게 아닌가. 물론 수술할 필요가 없었다.

그리고 2년 뒤 어느 날, 신문을 보는데 '자본주 구함'이라는 두 줄짜리 광고가 눈에 들어왔다. 전화를 걸어보니 달팽이 농장을 경영하는 사람이 식당을 해 보겠다며 자본주를 구하고 있었다.

달팽이! 귀가 번쩍 뜨였다.

광고를 낸 농장주를 만나기 위해 김해시로 단숨에 달려갔다. 농장주는 2,000여 제곱미터 땅에 300여 제곱미터짜리 건물 3개 동에서 달팽이를 키우고 있었다. 달팽이는 잘 키우고 있지만 판로가 없다고 했다. 나는 달팽이 생산 능력 등을 알아본 뒤 바로 계약을 체결했다. 농장은 내가 인수하고 농장주는 월급과 인센티브를 받고 농장장으로 일하는 조건이었다.

나는 본격적으로 달팽이 사업을 시작했다. 먼저 분양 광고를 냈다. 당시 용인의 H산업에서도 달팽이를 분양했다. 그곳에서는 달팽이 종패(번식할 수 있는 수컷 달팽이) 한 마리당 1만 원에 분양을 했다.

H산업보다 뒤늦은 우리 처지에서 차별화 전략은 확실한 가격 파괴와 유리한 분양 조건밖에 없었다. 우리는 종패를 5,000원에 분양하고 6.6제곱미터짜리 하우스를 지어주었다. 또 상자와 온도계를 비롯해 양식에 필요한 장비 일체를 무상으로 제공하기로 했다. 5,000원조차 전부 받는 것이 아니라 2,500원만 받고 나머지는 나중에 키운 달팽이로 받기로 했다.

'50만 원 투자로 6개월 후부터 월 50만 원 정도 수입. 가정 옥상에서도 가능.'

'부산일보'에 2단 통 광고를 내자 전화에 불이 났다. 첫날에만 거의 700여 통의 전화가 왔고 200명이 설명을 들으러 왔다. 나는 차트를 만들어 방문객들에게 설명했다. 설명이 끝나면 봉고차에 방문객을 태우고 농장으로 가서 달팽이 양식 장면을 보여주었다. 방문객이 밀려들어 점심 먹을 시간도 부족했다.

그런데 막상 달팽이 종패를 사겠다고 나서는 사람이 없었다. 이상했다. 곰곰 생각해 보니 사무실 주위 환경 탓인 듯했다. 당시 내 사무실이 있던 건물에는 좀 없어 보이는 회사가 많이 입주해 있었다. 그러다 보니 방문객들도 자연 우리 회사를 신뢰하지 못했던 것이다.

한 달 뒤 사무실을 더 깨끗한 곳으로 옮겼다. 홍보용 비디오테이프도 만들었다. 나와 농장장이 함께 설명하는 50분짜리였다. 아이디어는 적중했다. 내가 직접 설명하지 않고 사무실 여직원이 비디오만 틀어줘도 60~70퍼센트는 가계약을 했다. 이렇게 해봐야 받는 돈이 50만 원이었지만 그래도 이익이 났다.

많은 이익을 얻는 쪽보다는 많은 판매를 하는 전략을 취했다. 그것이 맞아떨어진 것이다. 그렇게 부산에서 3개월간 달팽이를 분양하고 다시 대구로 갔다. 대구에서도 비디오테이프만으로 분양이 아주 잘되어 곧 대전과 서울에도 지사를 낼 수 있었다.

이렇듯 사업 초기에는 다소 고전을 했지만 이내 성공의 길로 들어섰다. 한마디로 내가 달팽이 사업에 손을 댄 뒤 달팽이가 양식 사업의 총아로 떠오른 것이다.

승리의 여신은
마지막에 웃는다

재미 삼아 하는 일이라면 몰라도 생계를 걸고 명예를 걸고 시작한 일이라면 마땅히 올인 해야 한다.

머지않아 어려운 일이 닥칠 것이다. '이쯤에서 물러볼까?' 하는 유혹도 생길 것이다. 그러나 뒤를 돌아다보지 말고 성큼성큼 걸어가야 한다. 될 때까지 시도하고 또 시도해야 한다. 승리의 여신은 드라마의 마지막 순간에 나타나 미소 짓는 법이다.

나의 체험에서 비롯된 달팽이 사업은 순식간에 불이 붙었다. 돈도 꽤 벌었다. 그러나 뜻하지 않은 곳에서 문제가 터지기 시작했다. 달팽이 분양 사업이 잘된다니까 갑자기 경쟁 업체가 40여 곳이나 생겨났다. 일확천금을 노리고 뛰어든 한탕주의자들 때문에 시장 질서가 무너졌다.

당시 나는 종패 한 마리당 5,000원에 분양을 받아 달팽이를 양식해 오면 1킬로그램당 5,000원씩 수매를 했다.

그런데 한탕주의자들이 나타나 2만 원에 수매해 준다며 종패를 팔기 시작한 것이다.

　문제는 그들이 종패를 팔아 치운 뒤 문을 닫아버렸다는 것이다. 그들에게서 종패를 구입한 양식업자들은 양식한 달팽이를 팔 길이 없자, 나에게서 종패를 분양받은 농장에 헐값에 넘겼다. 그 결과 모든 양식 달팽이가 나에게 몰려들기 시작했다. 어떤 것이 우리 회사가 분양해 준 달팽이인지 확인할 길이 없는 나는 일단 모두 받아줬다.

　그러나 그 양이 너무 많았다. 레스토랑이든 포장마차든 술집이든 가리지 않고 납품을 했지만 역부족이었다. 달팽이를 삶아 껍데기를 버리고 냉동 창고에 보관하는데도 양이 넘쳐났다. 급기야 굴착기로 땅을 파서 달팽이를 묻어야 했다. 행운을 안겨준 달팽이가 어느덧 내 목을 조르고 있었다.

　어떻게 해야 하나 고민을 거듭하다 아이디어를 생각해냈다.

　'그래, 몸에 좋은 달팽이로 건강식품을 만들어보자.'

　부산 남구 대연동에 200여 제곱미터짜리 지하 공장을 얻었다. 그렇게 해서 '천호식품'이라는 회사 명의로 제1호 건강식품이 탄생한 것이다(이때 회사명을 '천호물산'에서 '천호식품'으로 바꾸었다). 제품명은 '달팽이엑기스(진액)'였다.

　승산이 있을 것으로 생각하여 공장을 차려 덤볐지만 상황은 전혀 딴판이었다. 하루 판매 실적이 고작 한두 박스. 세 박스 팔면 손뼉 치고 파이팅을 외칠 정도였다.

　그렇게 해서 무슨 사업이 되겠는가. 그동안 번 돈을 다 털어 넣어 건강식품이라는 승부수를 띄웠는데 점점 파산의 그림자가 드리우기 시작했다.

"영식아, 너는 할 수 있다!"

1992년 7월 어느 날, 태풍이 몰아치는 밤이었다. 부산 범일동의 한 식당에서 직원들과 회식을 한 뒤 집으로 돌아가려는데 문득 거센 태풍 속으로 뛰어들고 싶어졌다.

'그래, 좋다. 시원하게 한번 맞아보자.'

비를 맞겠다고 하자 여자 직원들은 말리고 남자 직원들은 '그렇게 하시든가.' 하는 식이었다(역시 여자들이 섬세하다). 양복에 넥타이 차림 그대로 범일동에서 집이 있는 대연동까지 걷기 위해 식당 문을 나서는 순간, 태풍에 실린 빗줄기가 얼굴을 때리면서 바락 소리를 지르는 것이었다.

환청이었을까? 실제 그런 소리가 귀에 쩌렁쩌렁 울렸다.

"김영식이, 네가 영업 잘한다면서 이것도 못 팔아? 어디 한번 맞아봐라!"

그런 소리였다. 바로 그때 내 입에서 "그래, 난 할 수 있어." 하는 외침이 튀어나왔다.

이미 모양새는 말이 아니었다. 멀쩡한 사람이 우산도 쓰지 않은 채 거센 비바람 속을 걸으며 "영식아, 너는 할 수 있다! 달팽이야, 걱정하지 마! 여기 영식이가 있다." 하고 외치니, 지나가는 사람들이 '젊은 사람이 참 안됐다.' 하는 표정으로 쳐다봤다. "저 사람 미쳤나 봐." 하는 소리도 들려왔다.

1시간 정도 그렇게 소리를 지르며 걸었다. 집에 들어가 옷을 벗으니 춥기는커녕 열기가 후끈거렸다.

마침내 결정적 한 방이 터지다

비바람으로 한바탕 매를 맞고 나니 그렇게 시원할 수가 없었다. 다음 날 '다시 해 보자'며 회사로 발길을 옮긴 나는 학계에 달팽이의 효능에 대한 연구를 의뢰하는 한편, 품질을 개선해 가면서 백방으로 판로를 모색했다.

홍보용 비디오테이프를 만들어 돌리는 등 '달팽이엑기스'에 불을 붙이기 위해 온 힘을 쏟았다. 방송 도움을 받으면 사업이 잘될 것 같은 판단에 아무 연고도 없이 다짜고짜 KBS로 갔다. 당시에는 「6시 내고향」이라는 프로그램의 시청률이 꽤 높은 편이라 담당 PD를 찾아갔다.

예나 지금이나 방송 교섭은 쉽지 않다. 나뿐만 아니라 수많은 사람이 다양한 아이템을 들고 섭외하러 오는 것이다. 담당 PD는 물론 차장, 부장을 만나 달팽이 양식 농가들을 도와달라고 요청했다. 달팽이 양식과 「6시 내고향」이라는 프로그램은 콘셉트가 딱 들어맞기 때문에 충분히 가능하리라고 생각했다. 하지만 교섭은 순탄치 않았다.

그 자리에서 판단했다. 더는 PD들을 귀찮게 하면 안 되겠구나. 천천히 꾸준히 가기로 했다. 그 뒤 일주일에 한 번씩 KBS에 들러 "안녕하십니까, 달팽이 왔다 갑니다." 하고 인사만 하고 돌아왔다. 그때 내 이름은 김영식이 아니라 '달팽이'였다. 달팽이에 완전히 미쳐 있을 때였으니까.

처음에 PD들은 "뭐야, 저 사람? 싱거운 사람이군." 하는 반응을 보였다. 그러나 그렇게 3개월쯤 지나니 상황이 달라지기 시작했다. 내가 방송국에 나타나면 "저기 달팽이 오시는구먼." 하고 웃으면서 "사업 잘되십니까?"라고 말을 걸어주는 것이 아닌가.

발이 닳도록 방송국을 들락거리면서 PD들과 안면이 트이자 '달팽이엑기스'를 한 박스씩 선물했다. 그중 한 PD가 당뇨병으로 고생하는 어머니에게 이 제품을 드렸는데 증상이 크게 호전되었다고 했다(참고로 달팽이에서 추출한 진액은 관절염뿐만 아니라 면역 증강, 당뇨병 개선에도 상당한 효과가 있음이 학계 연구로 밝혀진 바 있다). 바로 그 PD가 상사에게 '달팽이 한번 나가보자'고 건의해 승낙을 받아냈다.

어느 날 인사를 하고 돌아서는데 젊은 PD가 나를 부르더니 "정말 끈질기십니다. 방송 한번 나갑시다." 하는 게 아닌가. 순간 내 귀를 의심했다.

「6시 내고향」에 달팽이가 소개되자 마치 원자 폭탄이 터진 것 같았다. 방송이 끝난 뒤 부산 공장으로 전화했더니 계속 통화 중이었다. 팩스로 연결된 전화를 직원이 수동으로 돌려 겨우 통화했다.

"사장님, 큰일 났습니다. 주문 전화가 엄청나게 많아요. 전화 연결이 안 된다고 화를 내는 사람이 많습니다."

30분 정도 전화를 걸어야 통화가 되었으니 화가 날 만도 했다. 그 당시 부산에 6대, 서울에 10대 정도의 회사 전화가 있었다. 방송이 나간 후부터 대리점과 영업 사원들은 말 그대로 쌍날개를 달고 영업을 했다. 매출이 하루가 다르게 성장했다.

부산에서 현금 보유 기준 100명 안에 들어가다

나는 달팽이 건강식품으로 일약 스타덤에 올랐다. 당시 이 제품의 공식 명칭은 '천호식용달팽이엑기스'였는데 방송 보도 이후 감당할 수 없을 만큼 주문이 밀려들었다.

전국 각지의 판매업자들이 현금을 가방에 넣어 가지고 와서 줄을 서서 대기하곤 했다. 수요만큼 공급이 따라주지 못하자 여기저기서 유사품들이 쏟아져 나왔다. '천우' '천오' 등 비슷한 제품명들도 등장했다. 그래서 비슷한 이름들을 모조리 상표 등록하기도 했다.

고객들은 '천호'라는 브랜드보다 '달팽이엑기스'라는 보통 명사를 기억하고 있기 때문에 어떤 제품이 오리지널인지 구분하지 못하는 사태가 빚어졌다. 그래서 제품명을 '천호식용달팽이엑기스'에서 '천호달팽이엑기스'로, 다시 '천호엑기스'로 바꾼 것이다.

달팽이 건강식품이 출시된 지 17년이 흘렀다. 지금도 여전히 잘 판매되는 제품이다. 나는 달팽이가 대박을 칠 때 텔레비전 광고에 직접 출연하여 '물어볼 필요조차 없습니다'라는 멘트를 내보내기도 했다. 그만큼 자신이 있었던 것이다.

10년이면 강산도 변한다는데 한 제품이 17년간이나 꾸준히 판매 된다는 것은 여간 어려운 일이 아니다. '달팽이엑기스'가 한 방 터짐 으로써 오늘날의 사업 기반이 만들어졌지만, 처음부터 순조로웠던 것은 아니다. 처음 2년간은 고전의 연속이었다. 그러나 나는 포기하 지 않고 끈질기게 매달렸다. 결정적 한 방이 터지기까지는 꿈속에 서도 달팽이만 보일 정도로 미쳐 있었다. 그 힘으로 수많은 작은 잽 을 날리다가 마침내 KO 펀치를 날린 것이다.

1994년 1월에 주거래 은행이던 제일은행 지점장 말에 따르면, 당 시 나는 부산에서 현금 보유 기준 100명 안에 들어갔다고 한다. 포 기하지 않고 끝까지 올인 했기에 가능한 일이었다.

Rush Again!

당신도 일이 잘 안풀리고 뭔가 속에 응어리진 게 있을 때 소리를 지르면서 비바람을 맞고 걸어보라. 비가 오지 않는다면 샤워 꼭지를 틀어놓고 앉아 센 물줄기를 한번 맞아보라. 몸 곳곳에 숨어 있던 스트레스 덩어리와 나쁜 기운이 씻겨나가는 것을 체험할 수 있을 것 이다.

본업이 아닌 일에
손대는 순간

'본업이 아닌 일에는 손대지 않는다.'

이건 나의 철칙이다. 이 한 가지 배우는 데 엄청난 수업료를 지불해야 했다.

사람이 꼭 돈 벌기 위해서만 일을 하는 것은 아니다. 일은 곧 자기 실현이다. 일을 통해 나를 드러내는 것이다. 수입은 그 대가로 주어지는 것일 뿐이다.

돈의 유혹을 받아 본업이 아닌 일에 빠져드는 순간, 사업도 잃고 끝내는 돈도 잃게 된다. 그때부터는 일의 가치나 재미는 뒷전이고 오직 수입만 좇게 된다. 전문 지식이 부족하고 돈 외의 가치도 느끼지 못하며 열성도 없는데 어찌 그 사업이 잘될 수 있겠는가. 또 비전문 분야의 사업에 신경쓰느라 본업은 뒷전으로 밀려나게 된다.

사업하다 보면 반드시 위기가 닥치는 법. 그런데 그 위기가 비전문 분야 사업에서 일어나면 손을 쓸 수가 없다. 망하고 마는 것이다.

나쁜 일은 손잡고 몰려온다

나는 달팽이 건강식품으로 대박을 터뜨려 부산에서 현금 보유 기준 100등 안에 들 정도로 잘 나가자 자신만만해져 사업 영역을 확장하기 시작했다. 서바이벌 게임 사업, 찜질방 체인 사업, 황토방 체인 사업 등을 한꺼번에 벌였다. 직원 규모도 서울과 부산을 합해 200여 명으로 늘어났다.

앞날은 장밋빛으로만 보였다. 사업 잘하는 김영식이 한다니까 여기저기서 돈이 몰려들었다. 그러던 1997년에 IMF를 만났다. 치명타였다.

식품에 첨가되는 기능성 원료들을 농심, 해태 등 유명 식품 회사에 납품했는데 졸지에 중단 통보를 받았다. 나쁜 일은 손잡고 몰려온다고 찜질방과 황토방 사업 가맹자들이 여기저기서 파산하며 계약이 해지되었다. 하청 업체들에게 발행해준 어음 만기가 무더기로 돌아왔다. 순식간에 돈줄도 완전히 끊겼다. 은행으로부터 회사는 물론 내 집에까지 경매 통보가 날아왔다.

순식간에 벌어진 일이다. 그 많던 직원도 다 떠났다. 서울 서초동의 그 넓은 사무실에 혼자 앉아 소주를 마셨다. 9층 사무실에서 뛰어내려 자살할 생각을 했다.

그때 전화벨이 울렸다. 아내에게서 온 전화인 줄 알았다. 마지막으로 아내하고 통화나 하자며 수화기를 들었다. 아내가 아니라 세무서 직원이었다.

"체납된 국세 이번에도 안 내면⋯⋯." 하는 협박성 독촉이었다. 꼭 받아내야겠다고 벼르고 전화를 했는지 나오는 투가 만만치 않았다.

마침 자살 생각마저 한 판이었기에 두려울 게 없었다.

"이봐요. 나 세금 떼먹으려는 거 아니오. 계속 그렇게 사업 못하게 다그치면 여기 9층에서 뛰어내립니다. 그러잖아도 지금 자살할 생각이었소."

세무서 직원의 대답이 걸작이었다.

"뛰어내리는 건 그쪽 사정인데, 세무서 전화받고 뛰어내렸다는 말은 하지 마세요."

나는 이 말발 센 세무서 직원에게 마지막으로 한마디를 던지고 실랑이를 종결지었다.

"사업한 지 14년 됐는데, 그동안 전화번호 한 번도 안 바꿨어요. 그런 사람이 세금 떼먹는 거 봤습니까? 기다리세요."

세무서 직원과 통화를 마친 뒤 내 사정이 정말 딱하게 느껴졌다. 들어오는 돈은 없어도 매달 월세는 내야 하니까 사무실을 빨리 옮기는 게 상책이었다. 건물 주인에게 사정했지만 돈이 없다면서 무조건 기다리라고만 했다. 내용 증명서를 보내 제발 빨리 전세 보증금을 달라고 사정했지만 요지부동이었다.

그러던 어느 날 건물 주인을 만나게 되었다. 전화해도 건물 관리인과 이야기하라며 만나주지 않았는데 우연히 만난 것이었다. 나는 다시 사정했다.

"그럼 사무실을 원래대로 해놓고 나가세요. 특히 천장 텍스를 예전과 똑같은 것으로 해놓으세요."

건물주가 한 말이다. 지은 지 12년 된 건물이라 원래의 텍스는 공장에서 단종되어 아예 생산도 안 되었다. 더 좋은 텍스로 교체하겠다고 해도 건물주는 막무가내였다.

나는 뭐 이런 횡포가 있나 싶었지만 꾹 참고 서울시 건재상을 뒤지고 다녔다. 역시 단종된 텍스는 없었다. 한 번 더 건물주를 만나 사정을 했다.

"그럼 월세를 3개월분 더 내고 나가세요."

있는 사람이 더 한다는 말을 그때 실감했다. '그럴 심사였으면 건재상 다니면서 힘이나 빠지게 하지 말지'라는 말이 목구멍까지 나왔다.

그러나 따지고 있을 시간이 없었다. 빨리 보증금을 받아 급한 어음부터 막아야 했다. 할 수 없이 3개월분 월세를 내고 이사를 했다.

■■
■■

참담한 패배에서 배운 교훈

이 참담한 패배는 무리한 사업 확장이 원인이었다. 여유 자금이 있으니 자신만만하여 한 번도 해보지 않은 비전문 분야의 사업을 마구 벌인 것이다.

본업이 아닌 분야로 사업을 확장한 경우 내로라하는 굴지의 기업들도 나가떨어지던 시기였다. 만약 그때 본업인 건강식품 회사 하나만 경영했다면 IMF가 아니라 그 할아비가 왔다 해도 아무 이상 없었을 것이다. 그 뒤 나는 본업이 아닌 일에는 절대 손대지 않았다. 떼돈을 번다 해도 부동산에도 투자하지 않았다.

Rush Again!

돈을 벌면 절대 비전문 분야에 투자하지 마라. 본업이 아닌 사업에 투자하는 순간 망하는 길로 들어서게 된다. 본업을 지켜라. 본업에서 승부를 내라!

"오뚝이처럼
다시 일어서겠습니다"

1998년 설에 고향으로 아버지를 찾아갔다. 아버지는 세배를 받은 뒤 내게만 선물을 하나 주셨다. 이게 뭘까 궁금해 건넌방에 가서 포장을 뜯어보니 오뚝이가 들어 있었다. 오뚝이에는 다음과 같은 글귀가 매직으로 쓰여 있었다.

'1998년 설날에 아버지가 영식이에게.'

시골에 계신 아버지는 나의 사정을 깊이 헤아리셨던 것이다. '그동안 오뚝이처럼 살아왔으니 여기서 주저앉지 말고 오뚝이처럼 다시 일어서라'는 아버지의 격려가 느껴졌다.

오뚝이를 끌어안고 한참을 생각했다. 겪어본 사람은 알 것이다. 무한 책임을 짊어진 가장이 한없이 추락했을 때의 그 처참한 심정을. 내 신세에 대한 자괴감이 드는 한편, 아버지의 가르침에 대한 한없는 고마움이 솟아올랐다. 나는 오뚝이를 가슴에 품고 다짐했다.

'아버지, 영식이는 기필코 오뚝이처럼 다시 일어설 것입니다.'

1998년 3월, 나는 천 길 벼랑 위에 서 있었다. 당장 어음 막을 돈 2,000만 원이 급했다. 그 돈이 없으면 최종 부도 처리될 판이었다. 백방으로 알아보았으나 돈을 빌리지 못했다. 나는 아내와 함께 다시 아버지를 찾아갔다.

언젠가 아버지는 우리 다섯 형제를 앉혀놓고 "너희가 준 용돈, 20년 동안 한 푼도 쓰지 않고 저축해서 은행에 1억 원이 있다. 나중에 다 너희한테 주고 갈 돈인데, 절대 이 돈을 탐내지 마라. 은행에서 이자 받는 것이 내 사는 재미니까." 말씀을 하신 적이 있다.

나는 그때 "아버지, 아버지 돈 탐내는 자식 없습니다. 그러니 그 돈 계속 은행에 쌓아두지 마시고 외국여행도 다녀오고 원하는 대로 쓰면서 재밌게 사세요." 하고 말씀드렸다. 그런데 그 돈을 탐내고 아버지를 뵈러 간 것이었다. 사내놈 꼴이 말이 아니었다.

아버지를 찾아가기는 했지만, 도무지 입을 뗄 수가 없어 큰방과 작은방을 계속 왔다 갔다 하다 아내에게 "그냥 돌아가자"고 했다. 아내는 "여기까지 큰맘 먹고 왔는데 어떻게 그냥 돌아가. 그냥 말씀 한번 드려봐." 하는 것이었다.

용기를 내 말씀을 드렸다. 아버지는 다른 말씀을 일절 안 하시고 "알았다, 가보아라." 하시더니 다음 날 2,000만 원을 송금하셨다. 나는 그 돈으로 마지막으로 돌아온 어음을 막을 수 있었다.

우리들의 영웅, 우리들의 아버지

아버지는 부지런하고 엄격한 분이었다. 자식들을 일찍 객지로 내보냈고 자식들이 고향에 들르면 이틀 이상 머무르지 못하게 하셨다.

아버지의 지론은 바깥바람을 맞으며 고생해야 자립할 수 있다는 것이었다. 젊었을 때부터 내 골수에 뚝심이 박힌 것도 아버지의 가르침 덕분이었다. 그 가르침으로 가정을 이루고 별 탈 없이 먹고살 수 있게 되었으니 아버지를 나의 영웅으로 떠받들지 않을 수 없다.

아버지는 내가 어릴 때 경찰이었다. 서류를 보내고 받아오는 채송업무를 맡았다. 그 일을 자원한 까닭은 수당이 좀 더 많았기 때문이라고 하셨다.

아버지는 새벽 4시에 일어나 찬밥 한 덩이를 물에 말아 드시고는 첫차를 타고 부산 본청에 가서 서류를 전달하고 받아 오곤 하셨다. 그때는 길이 좋지 않아 고성에서 부산까지 3시간 30분이 걸렸다. 경남 통영시 도산면에 근무하실 때는 순찰 중 고구마 한 자루를 얻었는데 자식들에게 주려고 그걸 메고 20리 길을 걸어오신 적도 있다.

한 달에 수당 1만 2,000원을 더 받기 위해 밤잠을 설치고 동분서주하셨던 아버지 모습 하나하나가 마치 영화 필름처럼 지나간다. 비단 나뿐만 아니라 우리 시대의 중년이라면 누구나 가족을 먹여 살리기 위해 비굴함도 마다치 않던 아버지의 모습이 떠오를 것이다.

모름지기 영웅이란 바로 그런 것이다. 식구의 먹을 것을 책임지면 그 사람이 가족의 영웅이요, 직원들의 밥벌이를 책임지면 그 사람이 회사의 영웅이요, 나라 경제를 살찌우면 그 사람이 기업의 영웅이요, 국민의 생존을 지키면 그 사람이 바로 국가의 영웅이다.

아버지는 노년에 병들어 초라한 모습이었지만 나는 언제나 아버지에게서 영웅을 발견하곤 했다. 떠나가신 아버지에게 그저 '고맙습니다'이 한마디 외에 뭐라 드릴 말씀이 없다.

아버지는 "내가 죽으면 반드시 화장을 하라"고 유언을 남기셨다. 우리 형제들은 아버지의 뜻에 따라 화장을 한 뒤 유골을 수습하여 어느 절 납골당에 모셨다. 몸은 가셨지만, 당신의 엄한 사랑은 내가 죽는 그날까지 가슴속에 살아 있을 것이다.

아버지를 보내드린 뒤 문득 땅을 치고 깨닫는 바가 있다.

'왜 좀 더 아버지와 시간을 함께하지 못했던가!'

Rush Again!

자식은 힘들 때 부모님을 찾지만, 부모님은 힘들 때 자식에게 그걸 감춘다. 아버지, 어머니가 살아 계신다면 지금 바로 전화 한 통 드리자. 그리고 우리도 아버지, 어머니처럼 진정한 영웅이 되자.

"바로 그 자리에서 승부를 보시오"

일가를 이루겠다는 결심으로 10년간 한 우물을 판다면 그 사람은 성공할 수밖에 없다. 성공할 운명을 타고난 것이다. 아니, 그런 결심이라면 10년이 아니라 단 3~4년 만에도 승부가 난다. 그것은 부동의 법칙이다.

사람들이 가는 길을 보라. 반드시 장애가 나타난다. 마침내 자빠지는 상황이 벌어진다. 바로 그곳이 승부처다. 그때 어떻게 하느냐, 그것이 바로 결심한 사람과 결심하지 않은 사람의 차이다. 일가를 이루겠다고 결심한 사람은 자빠지면 바로 그곳에서 다시 일어선다.

그러나 결심하지 않은 사람은 '이건 내 길이 아닌가 보다.' 하고 방향을 바꾼다. 그리고 다른 곳에서 판을 다시 벌인다. 예외가 있겠지만 자리를 바꾸는 사람은 성공하기 어렵다. 나는 사업을 잘하다가 어려운 처지에 놓인 사람들에게 이렇게 주문하곤 한다.

"거기서 승부를 내시오."

가격 파괴로 승부수 던져

1997년 12월, 그 많던 직원도 모두 나가고 4,600여 제곱미터나 되는 공장에 단 4명밖에 없었다. 그래서 내가 직접 생산도 하고 관리도 하고 판매도 해야만 했다.

나는 넘어진 자리에서 다시 일어서기로 했다. 비록 경매에 부쳐진 상태이긴 하지만, 공장도 있고 기계도 있으니 이 자리에서 다시 한번 해 보자고 결심한 것이다.

공장을 둘러보면서 당장 팔 수 있는 제품이 무엇인지 살펴보았다. 쑥이 눈에 들어왔다. '강화사자발쑥진액' 제품은 포장재, 즉 제품 박스와 파우치 등의 재고가 많이 남아 있었다. 포장재를 새로 만들려면 큰돈이 들어간다. 그래서 제품도 좋고 포장재도 많은 쑥 제품을 판매 품목으로 선택한 것이다.

그야말로 '맨땅에 헤딩'하는 식으로 일을 해야 했다. 제품을 팔아 줄 대리점도 없었다. 그전에는 텔레비전 광고도 냈지만 지방의 작은 신문에 광고를 낼 돈도 없었다. 나는 옛날 생각을 다 버리고 내가 직접 돌아다니면서 제품을 팔기로 했다.

그래서 생각해낸 것이 가격 파괴였다. 하지만 어정쩡한 가격 파괴는 회사를 더 망하게 할 뿐이었다. 확실한 가격 파괴만이 살길이었다. 예순 팩들이 한 박스에 18만 원 하던 것을 5만 원에 팔기로 했다. 직원들이 펄쩍 뛰었다.

"사장님, 말도 안 됩니다! 그 가격에 팔면 어느 세월에 그 많은 빚을 갚겠습니까?"

그러나 비싼 가격을 고수할 때가 아니었다. 어떻게든 일단 많이 팔아 바람을 일으키는 게 중요했다. 나는 이 제품의 반응을 보기 위해 우선 지인들부터 찾아 나섰다.

그해 12월 23일 동아대 최고 경영자 과정 동기 송년회가 열렸다. 그때는 IMF 시절이라 송년 모임도 조촐했다. 나는 그 자리에 '강화 사자발쑥진액' 두 박스를 들고 나갔다. 그러고는 모임이 끝날 무렵 불쑥 일어나 "제가 한마디 하겠습니다." 하면서 '쑥 이야기'를 시작했다.

"여러분, 쑥은 예로부터 만병을 고친다고 했습니다. 쑥은 성질이 따뜻해서 속이 찬 사람에게 그렇게 좋고 간장의 기능을 회복시키는 데는 쑥을 따라갈 만한 게 없습니다. 쑥은 혈액 순환을 돕고 변비를 없애는 데에도 탁월한 효능을 발휘합니다. 쑥 중에서도 가장 좋은 게 바로 강화도에서 자란 사자발쑥입니다. 그 쑥으로 만든 이 제품의 가격이 18만 원인데 5만 원에 판매하고자 합니다. 여러분의 생각은 어떠십니까? 그렇게 하면 잘 팔릴 것 같습니까?"

대략 그런 내용이었다.

이야기를 마치고 나니 참석했던 동기들이 '내가 좀 사겠다'고 나서는 것이 아닌가. 그때 모인 동기는 모두 25명.

얼마나 팔렸을까? 모임이 끝나고 부산 공장에 전화를 걸어 직원에게 물었다. 얼마나 팔았을 것 같으냐고. 직원이 대답했다.

"한 다섯 박스 파셨나요?"

나는 웃으며 말했다.

"쉰다섯 박스, 275만 원어치다. 당장 발송!"

강남역 지하도에서 전단을 뿌리다

"그래, 바로 쑥이 해답이다. 쑥을 팔자!"

나는 송년회에서 가능성을 확인하고 그렇게 결론을 내렸다. 그리고 1998년 새해를 맞아 일기장, 수첩, 명함 등 글자를 쓸 수 있는 모든 곳에 '쑥을 팔자'는 슬로건을 펜으로 썼다. 휴대전화 액정에도 '쑥을 팔자, 못 팔면 죽는다!'라고 표시해두었다.

지금도 그때 그 다짐이 생생하다. 그 무렵 나는 단 하루도 '못 팔면 죽는다!'는 생각을 멈춰본 적이 없다.

나는 곧 서울로 올라와 직접 판매에 나섰다. 넓은 사무실을 정리하고 월세 60만 원짜리 작은 사무실로 이사를 마친 터였다.

사무실이 입주한 빌딩 이름이 '정촌빌딩'이었다. 예전에 이곳에서 사업해서 큰돈을 벌어 서초동으로 이사를 했다가 쫄딱 망해 다시 옮겨온 것이었다. 정촌빌딩 주인과는 지금도 서로 안부를 묻는 사이다.

나는 광고 전단을 만들어 뿌리기로 했다. 잠잘 곳도 마땅치 않아 하루 2만 원을 주고 여관에 묵을 때였는데 전단 만들 돈이 어디 있겠는가. 잘나갈 때 아내가 선물해준 반지, 내게 남은 마지막 재산인 반지를 신사동의 어느 전당포에 맡기고 130만 원을 빌렸다(애환이

서린 이 반지는 지금도 끼고 다닌다). 이 돈으로 전단을 만들고 사무실 운영 경비도 했다.

이때부터 시작된 나의 단독 세일즈는 모두 기록으로 남아 있다. 매일 일기를 썼기 때문이다.

아침 6시 30분이면 여관에서 나와 서울 강남역 지하도 입구로 출근을 했다. 일면 '찌라시(전단)' 돌리는 아줌마 부대 옆에서 나도 '찌라시'를 돌렸다. 8시 30분까지 부지런히 돌리고 사무실로 향했다. 퇴근 시간에는 전철을 탔다. 전철표 한 장만 있으면 이 전철 저 전철 옮겨 다니며 전단을 뿌릴 수 있어서 좋았다. 전철 처음 칸에서 시작해 마지막 칸까지 선반에 전단을 올려놓고 다녔다. 밤 10시까지 매일 그렇게 했다. 항상 가방에 전단을 넣고 다니면서 식당, 골목길, 전봇대 틈새, 승용차 할 것 없이 눈에 보이는 모든 공간에 일일이 전단을 꽂아놓았다.

나는 어디에서 누구를 만나든 무조건 쑥 이야기를 꺼내고 전단을 건네줬다. 사실이 그렇다. 전단을 뿌리지 않으면 죽는다고 생각했다. 완전히 쑥에 미쳐 있었다. 재기를 위해 올인 한 것이다. 가령 싸구려 식당에 밥을 먹으러 가서도 손님들이 있으면 전단을 나눠주고 설명했다. 버스 옆자리에 앉은 사람에게도 전단을 건네주며 이야기를 했다.

혹시 비행기 안에서 전단을 뿌렸다는 이야기를 들어본 적이 있는가? 아마 없을 것이다.

나는 비행기 안에서도 전단을 돌렸다. 물론 승무원이 "고객님, 이러시면 안 됩니다." 하고 막았다. 하지만 나는 막무가내였다. 나는 지금까지 서울~부산을 1,500번을 오갔다. 그래서 당시에도 더러 아는 승무원들이 있었다. 뒷자리에서부터 앞으로 오면서 전단을 시트에 놓으면 "이러시면 안 됩니다." 하고 승무원이 제지했다.

그러면 나는 "이 전단을 안 뿌리면 나 죽어요. 이 비행기 못 탑니다. 쑥이 얼마나 좋습니까? 다음에 돈 벌어서 내가 한 박스 선물할게요." 하고 양해를 구하며 전단을 돌렸다. 실제 나와 안면이 있는 공항 발권 창구 직원들과 승무원들에게 나는 훗날 선물을 했다.

쑥 노래도 만들었다.

"쑥 쑥 쑥자로 끝나는 말은 이쑥 저쑥 들쑥 날쑥……."

매일 아침 이 노래를 부른 뒤 온종일 쑥을 팔러 다녔다.

10년째 우리 회사 광고 모델이 되어주신 탤런트 이순재 씨와도 그 무렵 인연을 맺었다. 연세대 언론홍보대학원에서 만난 이순재 씨는 내가 만날 때마다 쑥 이야기를 꺼내며 열변을 토하자 나를 믿고 고객이 되어주었다.

그러다 어느 날 찾아가서 광고 모델이 되어달라고 간청했다. 모델료는 나중에서 벌어서 주겠노라고 했다. 그는 두말하지 않고 기꺼이 응해주었다. 나는 지금도 이순재 씨가 내게 베풀어준 은혜를 잊지 못한다. 물론 선후배로서의 우정은 지금도 이어지고 있다.

2년 만에 매출 100배 신장시켜

전단을 뿌리고 다니며 세일즈를 시작한 첫 달인 1998년 1월 1,100만 원 매출을 올렸다. 2월에는 1,900만 원, 3월에는 3,300만 원이었다. 4월에는 9,800만 원, 5월에는 1억 5,000만 원, 6월에는 2억 5,000만 원, 직접 세일즈 일선에 뛰어든 지 1년 만인 1999년 1월의 매출은 5억 원으로 뛰었고 6월에는 9억 6,000만 원까지 올라갔다 (10년 전 월별 매출까지 기억하는 것은 앞에서도 말했듯이 매일 일기를 썼기 때문이다).

기적이 일어난 것이다. 못 팔면 죽는다는 생각이 나를 지배했다. 나는 완전히 쑥에 미쳐 있었다.

공장 규모에 비추어 거의 정상 수준을 회복한 이때부터 판매 곡선이 가파른 상승세를 그리기 시작했다. 나는 '강화사자발쑥진액'에 이어 1999년 6월에 '사슴한마리'라는 건강식품을 파격적인 가격으로 출시하면서 완전하게 재기했다. 정말 눈 깜짝할 사이에 연간 매출 100억 원을 넘어선 것이다. 2년 만에 매출이 백 배 이상 올라갔다.

어떻게 이런 일이 가능했을까? 나는 그 이유를 세 가지로 꼽는다.

첫째, 넘어진 자리에서 다시 시작한 덕분이다. 만약 내가 사업이 완전히 거덜났다고 해서 본업을 바꿨더라면 아마 성공하기 힘들었을 것이다. 이미 비전문 분야에 뛰어들어 참담한 실패를 맛보지 않았는가. 그래서 나는 본업인 건강식품 사업으로 다시 일어서리라 결심하고 모든 것을 던졌다.

내가 무엇보다 잘 알고 있는 분야고 이미 실패한 경험이 있기에 강점을 발전시키고 약점을 보완해 나가면서 최단 시간에 일어설 수 있었다.

둘째, 가격 파괴 덕분이다. 옛날 가격을 고수했더라면 회생 불가능했을 것이다. 나는 어정쩡한 가격 파괴가 아니라 확실한 가격 파괴로 밀고 나갔다. 고객이 만족할 만한 수준으로 가격을 파괴했다. 그 전략이 적중한 것이다.

옛 중국의 상술에 '한 푼에 사서 한 푼에 팔아라.'라는 가르침이 있다. 그 뒤에 이런 단서가 따른다. 한꺼번에 사서 낱개로 팔아라. 한 푼에 사서 한 푼에 판다는 논리적 모순은 바로 '대량 구매, 낱개 판매'라는 법칙으로 커버된다.

한꺼번에 많은 양을 사들이면 강력한 교섭권이 생겨 구입 원가를 낮출 수 있고 그걸 낱개로 팔면 이익이 발생하는 것이다. 나는 원자재의 대량 구입으로 생산 단가를 줄이고 중간 판매상 없이 본사-소비자 간 직거래 체제를 구축한 뒤 동일 제품을 시중 가격보다 다섯 배 이상 싸게 파는 혁명적인 구상을 실천에 옮겼다. 그 모험은 대성공이었다.

참고로 건강식품의 거품 가격이 많이 사라지기까지에는 우리 천호 식품이 공헌한 바가 크다. 품질은 더욱 좋게 개량하면서 가격을 확실하게 파괴해 대대적으로 광고하면서 바람을 일으켰다. 그러자 타 업체들도 서서히 가격을 내리기 시작한 것이다.

셋째, 위대한 나의 결심 덕분이다. '못 팔면 죽는다'가 당시 내 목표였다. 나의 모든 것을 약쑥 건강식품에 걸었다. 나는 그 제품에 완전히 미쳐 있었다.

그래서 최고급 승용차를 타던 사람이 버스와 전철을 타고 다니면서 전단을 돌릴 수 있었고, 심지어 비행기 내에서도 전단을 뿌릴 수 있었던 것이다. 내가 죽게 생겼는데, 가족과 직원들의 생계가 걸려 있는데, 어찌 타인의 시선을 의식할 수 있었겠는가.

'적색 거래처'에서 '최우수 중소기업'으로

나는 제일은행 부산 범일동 지점을 잊지 못한다. 내 사업의 부침이 그대로 반영된 곳이기 때문이다. 딱히 그 은행을 이용해야만 했던 이유는 없다. 단지 사업장과 가까이 있었기에 거래를 시작했다. 내 계좌의 기록들을 들여다보면 언제 사업이 잘됐고 언제 힘들었는지 한눈에 알 수 있다.

IMF가 막 시작되었을 무렵 빌려간 돈을 갚으라고 제일은행으로부터 독촉장이 날아왔다. 그때 좀 섭섭했다. 한창 잘나갈 때는 돈 좀 많이 빌려가라고 부탁하더니……. 하지만 어쩔 수 없었다. 그것은 인격이 아니라 은행의 논리이기 때문이다.

여기저기 인건비며 거래처 대금들을 결제하느라 정해진 시간 내에 은행 대출금을 상환하지 못하자 급기야 은행에서 압류가 들어왔다. 결국 살던 집까지 압류당해야 했다. 당시 제일은행은 우리 회사를 '적색 거래처'로 분류했다.

나는 밑바닥에서 새롭게 출발해 사업을 다시 일으켰고 밀린 세금과 부채를 모두 갚았다. 그리고 1998년 6월 제일은행에 밀린 이자 9,800만 원을 갚고 집과 공장의 압류를 풀었다.

그날 저녁, 아내를 마당으로 불렀다. 둘이서 캔맥주를 마시며 이런저런 이야기를 나누다가 말했다.

"밤하늘의 별이 오늘따라 유난히 반짝거리네."

"어젯밤이나 똑같은데, 뭘."

"아냐, 잠시 후면 별이 정말 반짝거린다는 것을 알게 될 거야."

나는 무슨 말인가 싶어 바라보는 아내에게 웃으며 말했다.

"오늘 이 집과 공장의 압류를 풀었어."

아내는 그게 정말이냐고 여러 번 되묻더니 "야, 별이 정말 유난히 반짝거리네!" 하고 감탄했다. 그날 밤을 나는 잊지 못한다.

그리고 그 뒤로 지금까지 어음을 발행하지 않았다. 어음을 발행한 것에서 재정상의 위기가 초래되었기에 다시는 어음을 쓰지 않겠다고 선언한 것이다.

제일은행으로부터 '적색 경고'를 받은 지 3년 만에 나의 신용 상태는 다시 최고 등급으로 상향 조정되었다. 나는 다이아몬드 회원이 되었으며, 나의 회사는 바로 그 은행으로부터 '최우수 중소기업'으로 선정되었다. 그리고 2006년 11월 23일, 나는 제일은행 부산 범일동 지점의 명예 지점장으로 위촉되었다.

Rush Again!

이런 문구를 본 적이 있는가? '왜 걱정하십니까? 기도할 수 있는데!' 지당한 말씀이다. 걱정할 시간에 기도해야 한다. 간절하고 뚜렷한 목표를 세웠다면 그 목표의 성취를 위해 기도하라. 나는 너무나 힘들어 용기가 달아날 때 속으로 정신없이 기도했다. 그렇게 하지 않으면 도저히 버틸 수가 없었던 것이다. 나의 경험에 의하면 기도의 위력은 상상 이상이다.

3장

10미터 더 뛸 힘을 줄
10가지 인생의 지혜

왜 실천을 못하는가? 성공에 대한 자기 확신이 없기 때문이다.
그런 사람은 주변을 너무 많이 의식하고 체면을 먼저 따진다.
그리고 행동으로 옮길 용기가 없다.
어떤 새로운 아이디어를 실천하려면 상당한 용기와 배짱,
그리고 실패를 감수할 줄 아는 책임 등이 뒤따른다.
성공한 사람들을 보면 아이디어는 단순해도 용기, 배짱, 자기 확신,
실패를 두려워하지 않는 정신,
실패에 따른 대가 지불의 각오 등을 갖추고 있다.

목표를 세웠으면
휴대전화에 '콱' 박아둬라

'쑥을 팔자, 못 팔면 죽는다!'

앞서 말했듯 10년 전 내 휴대전화 액정에 표시된 문구다. 그 다짐이 얼마나 강렬하고 간절했는지 지금도 이 문구만 생각하면 온몸이 전율한다.

휴대전화에만 그렇게 한 것이 아니었다. 일기, 수첩, 메모판, 책상, 노트 등 보이는 모든 곳에 그렇게 적어넣었다. 그리고 매일 아침 "쑥 쑥 쑥자로 끝나는 말은 이쑥 저쑥 들쑥 날쑥⋯⋯." 하며 쑥 노래를 불렀다. 이른 아침 강남역 지하도에서 전단을 돌리고 퇴근하면 전철을 옮겨 타고 다니면서 밤 10시까지 선반마다 전단을 올려놓았다.

못 팔면 죽는다는 비장한 각오로 '강화사자발쑥진액'이라는 제품을 팔기 시작해 20억 원 상당의 빚을 갚기까지 했던 일을 정리해 보면 대략 다음과 같다. 한 줄 한 줄 잘 읽어보고 당신의 생활에 반영할 것이 있으면 과감하게 훔치기 바란다.

■■
■

빈털터리 김영식의 재기 1년 요약 노트

- 나의 인생 전부를 걸고 죽기 살기로 판매할 전략 품목을 결정했다. 바로 '강화사자발쑥진액'이라는 건강식품이었다. 다른 제품은 모두 유보하고 오직 이 제품 하나에 승부를 걸었다.
- 우선 가격을 파괴했다. 어정쩡한 가격 파괴가 아니라 확실한 가격 파괴, 즉 고객이 만족할 만한 수준의 가격 파괴였다. 18만 원 하던 제품을 5만 원에 팔기로 했다.
- 부산(공장)과 서울(판매 회사)을 오가며 생산, 회계, 판매, 홍보 등 모든 일을 직접 내 손으로 해 나갔다. 그때 직원은 서울과 부산 합해 모두 4명이었다(IMF 이전에는 200여 명이었다).
- 휴대전화 액정에 '쑥을 팔자, 못 팔면 죽는다!'라고 나의 목표를 박아두었다.
- 눈에 보이는 모든 곳에 나의 목표 '쑥을 팔자, 못 팔면 죽는다!'를 적어두었다.
- 한 끼 밥값 5,000원이 없어 소주 한 병과 소시지 하나로 저녁을 때우는 일이 많았다.
- 하루 2만 원씩 주고 서울 강남구 역삼동의 허름한 여관에서 잠을 잤다.

- 새벽에 일어나 전의를 다지고 6시경 강남역 지하도 입구에서 전단을 배포했다.
- 나는 서울(판매 회사)과 부산(공장과 집)을 비행기로 1,500번이나 다녔다. 당시에는 여유가 없어 자주 다니지 못했는데 비행기 안에서도 전단을 배포했다. 승무원이 제지하면 나의 사정을 이야기하고 양해를 구했다.
- 아침에 여직원과 단둘이서 "파이팅!"을 외쳤다.
- '쑥 쑥 쑥자로 끝나는 말은 이쑥 저쑥 들쑥 날쑥……'이라는 쑥 노래를 아침마다 불렀다. 길거리를 다니면서도 흥얼거렸다.
- 와이셔츠도 쑥색으로 맞추고 넥타이 역시 쑥색으로 샀다.
- 보이는 모든 곳에 '쑥쑥쑥!'이라는 말을 적어두었다.
- 매일 일기를 썼다. 그날의 판매 현황과 만난 사람, 했던 생각, 판매 아이디어 등을 기록했다.
- 최고의 원료를 매입하기 위해 산지를 방문해 돈 한 푼 없이 원료 공급 계약을 체결했다.
- 일명 '쑥사모(쑥을 사랑하는 사람들의 모임)'를 만들어 강화사자발 쑥에 관한 자료집을 제작했다.
- 내가 만드는 물건, 내가 팔려는 물건의 전문가가 되어야 한다고 생각했다. 서초동의 국립중앙도서관을 찾아가 쑥에 관한 자료를 다 뒤져 공부했다. 쑥에 관한 한 어떤 자리에서도 3시간 이상 강의할 수 있을 정도의 전문 지식을 갖췄다.
- 웬만한 거리는 걸어 다녔다. 걸어가다가도 누구를 만나면 쑥의 효능에 관해 이야기했다.

- 당시 나는 이 세상에 쑥보다 더 좋은 약은 아무것도 없다고 확신했다. 완전히 미쳐 있었다.
- 사업이 거덜 났다고 해서 위축되지 않고 잘나갈 때 만나던 사람들을 그대로 만났다.
- 연세대 언론홍보대학원 동기인 탤런트 이순재 씨에게 광고 모델을 부탁했다. 모델료는 돈 벌어서 준다고 했다. 이분은 나의 정성에 마음이 움직여 무료 모델을 승낙했다. 지금까지도 이순재 씨는 우리 회사 모델이다.
- 부산에서 생활할 때는 매일 새벽 집 뒤의 산에 올라가 떠오르는 태양을 향해 두 팔을 벌려 천기를 잡은 다음 그것을 단전으로 가져와 '이얍!' 하고 기합을 넣으며 몸 안으로 집어넣는 훈련을 했다(일명 '뚝심양생법').
- 차츰 판매가 확장되자 영업 사원을 모집했다. 나의 기법을 영업 사원에게 전수해 나처럼 판매할 수 있도록 했다.
- 처음에는 전단으로 시작했던 영업이 나중에는 신문 광고로 발전했다. 밑바닥에서부터 한 걸음 한 걸음 걷다 보니 어느새 정상으로 향하는 나를 발견하게 되었다.
- 모임에도 빠짐없이 참석했다. 나는 모임에 나가면 꼭 발언 기회를 얻어 쑥에 관한 이야기를 했다. 그리고 이 기회에 몸에 좋은 쑥을 먹어서 IMF를 이기자고 호소(?)했다. 지인들은 지금도 그 시절의 나를 기억한다.
- 물론 신문 광고도 처음에는 내가 직접 만들어 아주 작게 냈다. 손바닥 반만 한 크기에서 시작하여 손바닥 크기, 나중에

는 5단 통 광고로 발전했다.

- 나는 '강화사자발쑥진액'으로 재기의 발판을 마련한 다음 히트작을 준비했다.

- 1998년 1월, 지하철에서 전단을 뿌리며 시작한 '강화사자발쑥진액' 판매 사업의 매출 성적표는 다음과 같다. 1998년 1월 1,100만 원, 2월 1,900만 원, 3월 3,300만 원, 4월 9,800만 원, 5월 1억 5,000만 원, 6월 2억 5,000만 원. 이때 제일은행에 밀린 이자 9,800만 원을 갚고 집과 공장의 압류를 풀었다. 6개월간 죽자사자 덤볐더니 이런 결과가 나온 것이다. 그래서 내가 이 책에서 '딱 6개월만 인생을 걸고 한번 해 보자'고 독자들에게 제안하는 것이다.

- 1999년 1월 5억 원 매출, 6월 9억 6,000만 원 매출을 올렸다.

내가 여기서 하려는 이야기는 분명하고도 확실한 목표 설정이다. 이게 없으면 아무것도 안 된다. 한 발짝도 앞으로 나아갈 수 없다.

앞에서도 말했지만 그냥 열심히 노력하는 것만 가지고는 안 된다. 다들 노력하면서 산다. 문제는 목표다. 어떤 목표를 세우고 거기에 노력을 집중하느냐 하는 것이 관건이다. 목표를 확실하게 정한 뒤 10미터를 더 뛰면 어느새 42.195킬로미터를 완주할 수 있는 것이다.

지금 내 휴대전화에 표시된 목표는 '천호식품 일본 공략!'이다. 그때와 지금 나의 환경은 180도 달라졌지만 목표를 향한 열정과 10미터를 더 뛴다는 삶의 자세는 달라지지 않았다.

목표를 정했으면 그걸 휴대전화 액정에 박아두는 것이 좋다. 휴대전화는 누구나 다 가지고 있으며 시시때때로 쳐다본다. 그래서 스스로 목표를 잘 지키는 사람인지 그렇지 않은 사람인지를 수시로 관찰할 수 있다.

우선 이것부터 시작하자. 목표를 정하고 휴대전화에 그 목표를 '콱' 박아두는 것 말이다.

옛날 생각하면
아무것도 못한다

고객이 만족할 만한 수준의 가격 파괴는 이미 결정한 바 있다. 이젠 차별화 전략이었다. 고객이 만족할 만한 수준의 제품을 만들어내는 것이었다.

서초동의 국립중앙도서관을 드나들며 공부한 바로는, 우리나라의 수많은 종류의 쑥 가운데 가장 좋은 것은 강화도산 강화사자발쑥이었다. 특히 채취한 뒤 3년간 숙성시킨 것이 단연 최고였다. 3년간 숙성시킨 강화사자발쑥은 원료 가격만 해도 일반 쑥 값의 열 배 정도에 이른다.

강화사자발쑥에 대해 잠깐 설명하겠다.

강화도 일대에서 자생하는 강화사자발쑥은 '싸주아리쑥' '싸자리쑥' 등으로 불린다. 쑥 잎이 사자 발을 닮았다고 하여 그런 이름이 붙었다. 강화사자발쑥은 강화도의 바닷바람과 바다 안개를 맞고 자란다. 그래서 몸에 이로운 성분이 풍부하고 향이 좋다. 이 쑥을 단오 무렵에 채취하여 자연 상태에서 3년 동안 숙성시키면 그야말로 최고가 된다.

나는 3년간 숙성시킨 강화사자발쑥이야말로 우리나라를 대표하는 최고의 약용 식물이라고 생각한다. 3년간 숙성시킨 강화사자발쑥을 손바닥에 놓고 비빈 다음 냄새를 맡아보면 진한 박하 향이 물씬 풍긴다. 그만큼 충분히 숙성되었다는 증거다. 1년간 숙성시킨 쑥에서는 그런 냄새가 나지 않는다. 나는 이 쑥을 공급받기 위해 강화도의 강화사자발쑥 작목반에 전화를 걸었다.

"저는 천호식품 사장입니다. 제가 쑥 건강식품을 생산 판매하고 있는데 앞으로 3년간 숙성시킨 강화사자발쑥을 원료로 사용하고자 합니다. 제가 모두 사들일 테니 다른 사람에게는 팔지 마십시오."

전화를 받은 작목반장은 그러마 하고 약속했다. 당시 그들이 제시한 금액은 1킬로그램당 2만 원이었다. 원료 가격이 비쌌기 때문에 다른 업체에서는 구매를 꺼리는 것 같았다. 그러나 제품력을 위해서는 마진을 따지는 것이 옳지 않다. 나는 강화사자발쑥을 꼭 원료로 써야겠다고 결심했다.

그 길로 강화도로 갔다. 물론 돈은 한 푼도 없었다. 그냥 의지만 갖고 간 것이다. 자금 문제는 직접 부딪혀 풀어보기로 했다. 신촌에서 시외버스를 타고 강화도에서 내린 뒤, 다시 버스를 타고 농장을 방문했다. 농장 사장이 대뜸 "차는 안 가져오셨나요?" 하고 물었다.

자기네 물건을 모두 매입하겠다는 사람이 승용차도 없다면 어떻게 되겠는가.

나는 순발력을 발휘했다. "허허, 제가 오랜만에 시골 흙냄새 맡고

향수 좀 느껴 보려고 일부러 차를 두고 왔습니다." 했더니 돌아갈 때는 자기네가 모셔다 드리겠다고 했다.

만나보니 매우 친절한 사람들이었다. 나는 이미 만들어 판매하고 있던 쑥 제품 사진과 공장 사진을 보여주었다. 그들은 비싼 금액에 흔쾌히 구매를 결정한데다 직접 농장까지 찾아온 내게 감동한 눈치였다.

나는 조심스레 계약서를 내밀었다. 최고의 쑥 건강식품을 만들겠다는 포부를 내비친 것도 물론이다. 계약금은 없고 나중에 돈을 지급한다는 조건의 계약서에 그들은 망설이지 않고 사인을 해주었다. 최고의 제품을 만들겠다는 나의 신념을 믿어준 것이다.

서울까지 바래다주겠다는 그들의 호의를 간신히 거절하고 시외버스를 탔다. 그 뒤 강화도 농장을 방문할 때는 렌터카를 타고 갔다.

열정으로 펄펄 끓어 넘치는 조직 만들기

혼자서 지하도와 지하철 등에 전단을 돌리고 걸려오는 상담 전화까지 처리해가면서 한 달에 몇천만 원어치씩 제품을 팔 수 있게 되자 영업력을 강화하기 위해 조직을 만들 필요성을 느꼈다. 신문에 판매자 모집 광고를 냈다. 우리가 흔히 생각하는 규모 있는 광고가 아니라 거의 줄 광고 수준이었다.

'영업 사원 모집, 경비보다 더 좋은 직업, 10만 원 이상 수입 보장.'

이런 내용이었다. 없을 때는 다 이렇게 하는 것이다. 누가 고급스런 광고를 할 줄 몰라서 안 하겠는가. 아직 그 수준이 안 되는 것이다. 지금 나의 처지를 이해하고 그 처지에 맞게 일을 해나가야 한다는 생각은 지금도 변함이 없다.

광고를 보고 사람들이 모여들었다. 그런데 사무실을 방문한 사람들 대부분 실망하는 눈치였다. 보잘것없는 작은 사무실에 직원이라고는 나와 여직원 한 사람이 전부였기 때문이다. 나는 방문자들의 실망스런 표정에도 절대 기죽지 않았다. 오히려 더 힘을 냈다.

나는 그들에게 확신에 찬 목소리로 설명했다.

"전단지를 돌려서 전화 주문이 들어와 한 박스를 팔면 바로 2만 원을 법니다. 열 박스면 하루 20만 원입니다. 어때요, 돈 벌기 참 쉽죠?"

내가 강한 신념으로 어필해 나가자 그들의 표정이 단박에 달라졌다. 실망감이 기대감으로 바뀌는 데는 많은 시간이 필요하지 않았다.

그렇게 영업 사원들을 모으기 시작했다. 매출 곡선이 가팔라지면서부터 영업 사원들은 아예 캐리어에 제품을 싣고 다니면서 전단지를 돌렸다. 전단지를 돌리다가 주문이 들어오면 즉각 배달하기 위해서였다.

나는 새벽부터 지하도에서 전단을 돌렸고 사무실에 들어와서는 영업 사원들과 함께 "쑥 쑥 쑥자로 끝나는 말은 이쑥 저쑥 들쑥 날쑥……." 하고 노래를 부르며 "파이팅!"을 외쳤다.

이 책을 읽는 당신은 그렇게 하라면 하겠는가? 해야 한다. 필요하다면 해야 한다. 아직 수준이 그 정도라면 감수해야 하고 인정해야 한다. 창피할 하나도 없다. 처음에는 다 그렇게 시작하는 것이다.

옛날 생각하면 아무것도 못한다. '내가 어떤 사람인데.' '내가 공부를 얼마나 많이 한 사람인데.' '보는 눈이 있지!' 생각을 가진 사람이라면 아무리 생각이 좋고 아이디어가 그럴싸해도 결국 성공하지 못한다.

실행력이 없기 때문이다. 체면이 실행을 가로막는다. 배운 것이 실행을 가로막는다. 그럴 때 지식과 수준은 그 사람의 자산이 아니라 걸림돌이 되고 마는 것이다. 자존심, 체면, 수준…… 그런 것 다 떼어놓고 해야 한다. 그래야 행동할 수 있다.

팔려면 먼저 미쳐라

제품을 파는 사람이 우선 그 제품에 미쳐야 한다. 확신을 가져야 한다. 자기도 미심쩍은데 누가 확신을 갖고 사겠는가. 나는 아무리 바빠도 영업 사원 교육을 철저히 했다. 중학교 졸업 수준이면 누구나 알아들을 수 있도록 쉽게 교안을 만들어 직접 강의하고 시범을 보여주었다.

쑥 노래를 함께 부르고 와이셔츠와 넥타이 색깔을 쑥색으로 통일시켰다. 직접 제품을 먹고 느낌을 스스로 정리하도록 했고 고객에게 해야 할 영업 멘트의 대본을 직접 만들게 했다.

사람은 많고 곳곳에 제품이 들어차 비좁기만 한 사무실이었지만 아침이면 '우리 한번 해보자!'는 열기로 똘똘 뭉쳤다. 새로운 영업 사원이 들어오면 비디오테이프부터 보여줬다.

그런 식으로 영업 사원들을 철저하게 내 편으로 끌어들였고 나와 똑같은 생각을 가진 사람으로 만들었다. 제2, 제3의 김영식을 만들어낸 것이다.

영업 사원들은 나의 신념에 중독되어 갔다. 내가 상황을 비관하고 제품에 회의를 품었다면 따라주지 않았을 것이다. 뜨거운 열기로 펄펄 끓어오르던 비좁은 사무실, 그곳이 바로 바람의 진원지였다.

Rush Again!

당신이 직장인이든, 구멍가게 주인이든, 사업가든 세상에 바람을 일으켜 그 위에 올라타고 싶다면, 우선 당신 스스로 바람을 만들어내라. 바람의 진원지가 되어라. 그러려면 완전히 미쳐야 한다. 생각을 바꾸고 행동을 바꾸고 모든 것을 바꿔야 한다. 내가 쑥색의 와이셔츠를 입고, 쑥색의 넥타이를 매고, 쑥 노래를 불렀던 것처럼 당신도 그렇게 해보라. 6개월이면 승부가 날 것이다.

행운은 발뒤꿈치에서 솟아오른다

사람이 성공하는 데 운은 얼마나 작용할까? 나는 운이 필수 조건이라고 생각한다. 운이 따라 주지 않으면 되는 일이 없다. '운칠기삼運七技三'이라는 말이 있다. 어떤 일이 풀리는 데는 운이 70퍼센트 작용하고 기술이 30퍼센트 작용한다는 뜻 아닌가. 실제 성공하는 사람들을 보면 운이 좋아 보인다. 그런 사람은 무슨 일을 해도 잘된다.

그런데 진짜 중요한 것은 '운이 어디에서 오는가.' 하는 것이다. 운을 제대로 받으려면 운의 이면을 볼 줄 알아야 한다. 하지만 사람들은 대개 운의 겉모습만 본다. 그러니까 마치 운이 하늘에서 떨어지는 것으로 생각한다. 그건 대단한 착각이다.

운이 착착 달라붙는 사람들을 보라

운이 좋아 성공한 사람의 뒤를 살펴보라. 그 사람은 틀림없이 노력한 흔적이 있다. 운이 없는 사람과는 뭐가 달라도 다르다. 노력하는 사람에게는 운이 착착 달라붙는다. 그리고 운은 행동에서 나온다.

가끔 막역한 친구들과 술자리를 하다 보면 성공한 사람의 이야기가 등장한다. 그 사람의 성공을 두고 어떤 친구는 이렇게 말한다.

"아, 그거 사실은 별거 아니야. 내가 몇 년 전에 이미 생각했던 건데, 뭐."

그 사람의 성공 업적에 대한 심각한 폄하이다. 물론 그 친구가 먼저 생각해냈을 수도 있지만, 성공은 실천 속에 있는 것이지 머릿속 생각에 있는 것이 아니다.

우리는 주변에서 알면서 실천하지 않는 사람을 무수히 본다. 다 성공하지 못하는 사람들이다. 왜 실천을 못 하는가? 성공에 대한 자기 확신이 없기 때문이다. 그런 사람은 주변을 너무 많이 의식하고 체면을 먼저 따진다. 그리고 행동으로 옮길 용기가 없다.

어떤 새로운 아이디어를 실천하려면 상당한 용기, 배짱, 실패를 감수할 줄 아는 책임 등이 뒤따른다. 성공한 사람들을 보면 아이디어는 단순해도 용기, 배짱, 자기 확신, 실패를 두려워하지 않는 정신, 실패에 따른 대가 지불의 각오 등을 갖추고 있다.

그동안 사업에 성공하지 못한 많은 사람을 만나보고 내린 결론이 있다. 그들은 아이디어는 풍부하지만 실천력이 없다는 것이다.

그리고 그 습관이 평생 이어진다. 그런 사람들은 평생 생각만 하다가 인생을 끝낼 것이다.

나는 말해주고 싶다. 운은 하늘에서 떨어지는 것이 아니라 발뒤꿈치에서 솟아오르는 것이라고.

제품은 만들었지만 팔리지는 않고

1991년 '천호식품'의 깃발을 내걸고 '천호달팽이엑기스'를 생산해 판매할 때의 일이다. 이것은 우리나라 최초의 달팽이 건강식품이다.

한의원에서 지어주는 보약은 있었지만 요즘과 같은 개념의 건강식품은 흔치 않았던 시절이다. 그러니 얼마나 좋은 발상인가. 면역력을 증강시켜 주고 관절염이나 당뇨병 등에 뛰어난 효능을 발휘하는 건강식품을 만들었으니!

그러나 만들어놓은 제품을 파는 것은 결코 쉽지 않은 일이었다. 만들기만 하면 소비자들이 벌 떼처럼 모일 줄 알았는데 거들떠보는 사람도 없었다. 기껏해야 하루 판매량이 한두 박스였다.

나 혼자라면 몰라도 공장은 차려놓았지, 직원들이 출근해서 일하지, 물건은 안 팔리지 그야말로 진퇴양난이었다. 얼마나 압박이 심했는지 달팽이가 내 몸에 달라붙어 피를 빨아 먹는 꿈을 꿀 때도 있었다. 꿈에서 깨어난 다음 날이면 '달'자만 들어가도 도망치고 싶을 정도였다.

그러다 이사를 하게 됐다. 당시 우리는 작은 아파트에 살고 있었는데 다시 일반 주택으로 이사를 한 뒤 집을 담보로 은행에서 돈을 빌렸다. 그래도 돈이 모자라 사채까지 빌려야 했다.

스스로 용기를 불어넣기 위해 '달팽이야, 걱정 말아라. 천호식품 있지 않느냐. 내일부터 전국방방 와싹와싹~' 하는 달팽이 노래까지 만들었다.

달팽이 들고 직접 발로 뛰다

참으로 의아했다. 이렇게 좋은 '달팽이엑기스'가 왜 안 팔리는지. 사람들이 왜 이 제품을 몰라주는지. 가만히 앉아 제품이 팔려나가기를 기다릴 수만은 없었다.

직접 내 발로 뛰기로 했다. 직접 판매는 오랫동안의 경험으로 노하우를 다져놓았던 것이다. 맨몸으로 사람들과 부딪치는 것이라면 두렵지 않았다. 특히 거리판매는 큰돈이 없을 때 가장 좋은 방법이었다.

나는 먼저 사람들의 눈길을 끄는 작전을 구사했다. 부산 중앙동 지하도에 가게를 얻어 살아 있는 달팽이를 잔뜩 가져다놓았다. 1,000마리 정도였다. 지나가는 사람들의 발걸음이 자연히 멈추었다. 주변에 모이는 사람 수가 점점 늘어났다. 나는 기회는 이때다 싶어서 열심히 설명했다.

"달팽이는 아주 신기하고 유익한 연체동물입니다. 이 동물에서는 끈끈한 액체가 많이 나오는데 그 속에 콘드로이틴황산이라는 성분이 들어 있습니다. 바로 이 성분이 노화를 방지해주고 관절염을 낫게 해줍니다. 당뇨병에도 효험이 뛰어납니다."

대략 그런 내용이었다. 나는 달팽이를 직접 젓가락 같은 것으로 찔러 가면서 설명을 했다.

내 생각은 적중했다. 그냥 앉아 있을 때와는 비교도 되지 않았다. 첫날에 세 박스가 팔리더니 일주일이 지나면서부터 하루 평균 스무 박스가 팔렸다. 그러자 소문이 나기 시작했다.

"나도 한번 팔아봅시다."

드디어 판매업자들이 붙기 시작했다. 서울 종로 3가 세운상가 옆에도 가게를 얻어 판매를 개시했다. 첫날에는 내가 강의를 했다. 나는 달팽이를 팔지 못하면 그 많은 은행 빚과 사채를 갚을 재간이 없었다. 앞뒤 위아래 가릴 새가 없었다. 시간과 장소를 불문하고 기회만 생기면 강의를 했다. 입에서 불이 나도록 떠들어야 하는 내 처지가 안쓰럽기도 했다.

그래도 역시 지성이면 감천이었다. 종로 3가에서 대박이 터진 것이다. 첫날 강의 판매로 판 것만 서른다섯 박스였다. 한 박스에 18만 원이었으니 하루 만에 630만 원의 매출을 올린 것이다. 마침내 여기저기에서 대리점을 하겠다며 사람들이 찾아오기 시작했다.

또다시 찾아온 위기, '허가 취소'

차츰 사업이 본궤도에 오르고 있는데 전혀 예상치 못한 일이 생겼다. 부산 남구청에서 공문이 날아왔는데 청천벽력 같은 것이었다. 공문의 내용은 달팽이가 혐오 식품인데 남구청에서 허가를 잘못 내주었으므로 식품허가증을 반납하라는 것이었다.

도무지 납득이 되지 않았다. 당시에도 보사부 앞 호텔에서는 프랑스의 최고급 요리라면서 달팽이요리를 판매하고 있었다. 심지어 플래카드까지 붙여놓은 호텔도 있었다. 그런데 보사부에서 보여주는 관련 법령집을 보니 정말 '달팽이는 농작물을 해치므로 식품으로 쓸 수 없다'라고 적혀 있었다.

대체 어떻게 된 일인지 따지고 들었다. 알고 보니 '달팽이엑기스'가 인기를 끈 게 문제가 되었다. '달팽이엑기스' 사업이 잘되는 것을 보고 다른 업자가 제품을 생산하려고 다른 구청에 허가 신청을 하자 그만 거절한 것이다.

허가를 거절당한 업자는 '달팽이를 식품으로 제조할 수 없다는데, 천호식품은 왜 달팽이 제품을 만들고 있느냐?'며 보사부에 항의성 질의를 한 것이다. 그러니까 보사부에서 부산 남구청으로 천호식품의 달팽이 식품 제조 허가를 취소하라고 지시를 내린 것이다.

내 입장에서 보자면 참으로 황당한 일이 아닐 수 없었다. 나는 산으로 갔다. 곰곰이 생각해 보았다. 생각할수록 앞이 캄캄했다. 내가 망하는 건 물론 달팽이 농장들도 망할 판이었다. 그러나 여기서 무너질 수는 없었다. 바위에 앉아 크게 소리를 질렀다.

"그래, 부딪쳐보자. 난 할 수 있다!"

다음 날 관계자들을 설득하기 위해 보사부가 있는 과천으로 갔다.

"달팽이는 논에서 키우는 게 아니라 비닐하우스 안에서 키우는 것이니 농작물과는 전혀 상관이 없습니다."

보사부 관계자들은 내 설명을 귀담아들으려 하지 않았다. 좀 엇나가는 이야기지만 그때 공무원들은 정말 한심했다. 그들은 모든 게 서류 중심이었다. 사람이 일하는 게 아니라 서류가 일하는 것 같았다. 오기가 발동했다. 나는 포기하지 않고 사진, 비디오테이프, 그 밖의 각종 서류를 만들어 공무원들을 쫓아다니면서 설명을 했다. 그러니까 조금 설득이 되는 눈치였다. 그래도 하루아침에 공문이 취소되지는 않았다.

나는 다시 달팽이 농장들을 찾아다니며 일일이 서명을 받아냈고 총리실에 탄원서도 보냈다. 문제를 해결할 수 있다고 생각되는 기관은 다 찾아다녔다. 그렇게 찾아다닌 지 6개월 만에 새로운 공문이 날아왔다. '달팽이를 식품으로 써도 좋다'는 것이다. 그래서 지금까지 달팽이로 식품을 제조할 수 있게 된 것이다. 우리뿐만 아니라 다른 업체들도 말이다.

한번 생각해 보자. 그때 부지런히 발품을 팔지 않았더라면 달팽이는커녕 다른 건강식품도 만들 수 없었을 것이다. 그때 법령에 눌려 주저앉았더라면 오늘날 천호식품은 존재할 수 없다.

행운이 어디서 나왔는가? 하늘에서 떨어졌는가? 바로 발뒤꿈치에서 솟아나온 것이다!

몰두하면
행복하다

　나는 파산이나 다름없는 상태에서 다시 시작한 지 1년 11개월 만에 20억 원 상당의 빚을 모두 갚았다. 압류당했던 집도 다시 찾았다. 17년 동안 써왔던 어음은 반납, 다시는 쓰지 않겠다고 선언했다. 나는 '강화사자발쑥진액'으로 어느 정도 재기에 성공한 뒤 '사슴한마리' '산수유환' 등 연이어 히트 제품을 만들어냈다. 특히 '산수유환'은 전국이 들썩일 정도로 크게 히트했다. '산수유환' 대박으로 강남구 역삼동에 서울 사옥도 짓게 되었다.

　'산수유환' 히트 과정을 소개한다.

　남자 성감의 원천은 뇌다. 생각을 해야 성감에 시동이 걸리는 것이다. 그러나 아무리 생각이 나도 정력이 감퇴되면 어쩔 수가 없다. 어느 날 아내 곁으로 갔는데 터널 속에서 그만 시동이 꺼져버렸다. 시쳇말로 배터리가 나간 것이다. 엄청 부끄러웠다.

　다음 날 유명 한의사와 연구실 직원들에게 남자의 정력을 증강하는 데 가장 좋은 것이 무엇인지 물어보았다.

결론은 산수유였다. 산수유가 가장 강하다는 것이다. 그래서 연구실에 지시해 시제품을 만들게 했다. 시제품을 주변의 지인들에게 나누어주었다. 우리 회사는 제품 출시 전 꼭 시제품을 만들어 많은 사람을 통해 테스트한다. 물론 나도 먹었다.

사람들의 반응은 섭취한 지 15일이 지나면서부터 확실히 달라진다는 것이었다. 나 역시 그랬다. 나는 연구실 직원들에게 "이건 대박감이다. 제품을 가장 좋게 만들어라." 지시했다.

음식도 만드는 방법에 따라 맛이 달라진다. 하물며 건강식품의 제조 공법은 얼마나 중요하겠는가. 나는 최상의 원료와 최상의 공법으로 제품을 만들었다. 우리 회사 대박 제품 '산수유환'은 그렇게 개발되어 훗날 발명 특허를 받았다.

부시 대통령 부부로부터 감사 편지를 받다

이 제품은 출시와 동시에 강력한 광고에 힘입어 히트 행진을 계속했다. 그러던 2000년 12월, 미국 대통령 선거가 끝나고 부시가 제43대 대통령 취임을 앞두고 있던 때였다.

나는 부시 대통령에게 편지를 보내기로 했다. '미국 대통령은 세계 대통령이나 다름없다. 세계를 잘 이끌어가려면 정력이 좋아야 한다. 정력 증강에는 한국의 산수유가 그만이다. 산수유로 만든 제품을 선물로 보내니 한번 드셔보라'는 내용이었다.

두 달 뒤 부시 대통령 부부의 친필 사인이 담긴 답장이 왔다. 카드로 된 답장을 받아본 순간 '이걸 광고로 활용하면 대박이 나겠다'는 생각이 퍼뜩 떠올랐다. 곧바로 광고를 냈다. 그랬더니 불에 기름을 부은 격이 되었다. 공전의 히트를 기록한 것이다.

신제품을 각국 대통령에게 선물로 보낸다는 것은 좀 엉뚱하기도 하고 단순한 아이디어지만, 기업인이 자신이 개발한 신제품을 띄우기 위해서는 스스로 도취해야 하고 크든 작든 아이디어를 내어 행동에 옮겨야 한다고 생각한다. 곡식을 거두자면 밭에 씨앗을 뿌리고 거름을 주고 벌레를 잡아주어야 한다. 뿌리지 않으면 거둘 수 없다는 것은 만고불변의 진리 아닌가.

몇 년 뒤인 2005년 11월 18일에 부산 벡스코BEXCO에서 아시아태평양경제협력체APEC 정상 회담이 예정되어 있었다. 부시 대통령도 참석 예정자의 한 사람이었다. 정상 회담이 열리는 장소와 우리 집은 차로 불과 15분 거리였다. 그래서 회담차 오는 길에 민간인의 집에 들러 한국식 저녁 식사를 하며 공석에서와는 또 다른 한국의 분위기를 느껴보라는 뜻으로 초청 편지를 보냈다.

미국 백악관과 대통령 이메일로 편지를 접수하고 주한 미국 대사관에도 참고삼아 이메일을 보냈다. 그때 보낸 편지를 소개한다.

안녕하십니까?

저는 대한민국 부산에 소재한 건강식품 회사 천호식품 회장 김영식입니다. 한반도 평화에 대한 대통령님의 각별한 관심과 노력에

경의를 드리는 바입니다.

저는 한국에서 21년째 건강식품 회사를 경영하는 사람으로 지난 2001년 3월 대통령님께 '산수유환'이라는 한국형 스테미나 식품을 선물로 보내드린 바 있습니다. 마침 저희 회사에서 '산수유환'을 신제품으로 출시했는데 대통령님께서도 취임을 앞두고 계셔서 이를 기념할 겸 앞으로의 힘찬 활약을 기원하는 의미에서 보내드린 것이었습니다.

선물로 보내드린 뒤 저는 잊고 지내다가 뜻하지 않은 답장을 받게 되었습니다. 대통령님 내외분의 친필 서명이 새겨진 정중한 감사의 답장이었습니다. 그때의 감격은 말로 표현하기 어려운 것이었습니다. 저는 대통령님 내외분의 서명이 있는 감사의 답장을 제 최고의 애장품으로 간직하고 있습니다.

아울러 대통령님의 세심한 배려에 대한 깊은 감사의 마음을 지금도 가슴에 품고 있습니다. 대통령님께서 주신 감사의 답장은 제게 큰 자랑거리였습니다. 답장을 받은 뒤 사업이 더욱 번창했고 그 제품은 저희 회사 최고의 베스트셀러로 자리 잡았습니다. 이에 다시 한 번 대통령님께 마음속 깊은 곳에서 우러나오는 감사의 인사를 드리는 바입니다.

오는 11월 18일, 제가 사는 대한민국 부산에서 APEC 정상 회담이 열립니다. 이 회담에 대통령님께서 참석하시는 걸로 알고 있습니다.

부시 대통령님, 회담이 열리는 기간 중 시간 여유가 있으시다면 저희 집으로 모시고 싶습니다.

정상 회담이 열리는 해운대 벡스코BEXCO와 저희 집은 불과 10분 거리밖에 되지 않습니다. 작은 정원이 있는 이층집에서 대통령님 내외분을 모시고 식사를 함께하고 싶습니다. 허락해 주신다면 한국 전통 음식을 정성껏 준비하여 내외분께 올릴 것입니다.

제 아내는 요리 솜씨가 빼어나기에 대통령님 내외분의 미각을 충분히 만족하게 할 수 있을 것으로 확신합니다. 구수한 된장국에 기름진 쌀밥, 한국식 핫소스가 어우러진 장어구이를 드시면서 와인 한 잔 곁들이면 어떻겠습니까? 대통령님 내외분을 저희 집의 한국 식사에 정중히 초대하는 바입니다.

무리한 초대인 줄은 알지만 대통령님의 감사 답신으로부터 받은 깊은 감동을 아직도 간직하고 있습니다. 마침 이번에 APEC 회담 참석차 부산을 방문하신다니 매우 기쁜 마음에 이렇게 감히 초대의 글을 올리는 것입니다.

저는 영어에 능통하지도 않고 정치나 외교 등의 지식도 별로 없지만, 사업과 골프 그리고 술과 친구를 좋아하는 '한국 남자'입니다. 대통령님과의 멋진 만남을 꿈꾸겠습니다!

한국에서 뵈올 수 있기를 바라며 이만 줄입니다.

안녕히 계십시오.

부시 대통령은 나의 초청에 응하지 않았다. 대신 백악관에서 정중하고 완곡한 어조로 거절을 알리는 답장을 보내왔다. 나로서는 기대만큼은 아니었지만 그래도 그렇게 기분이 나쁘지는 않았다.

어떤 사람은 이런 내 행동을 보면서 '부시 대통령이 대한민국의 일개 기업 오너와 식사를 할 것으로 생각했던 것일까?'하고 의아해할지도 모른다.

그렇게 생각하는 독자에게는 다른 대답부터 해야겠다. 나는 부시 대통령에게 편지를 보내고 답장을 받는 일 자체에 무척 흥미를 느꼈다. 한마디로 재미있었다. 그건 새롭게 시도해보는 마케팅 방식이었다.

그런데 그보다 더 중요한 것은 세계 최고 강대국의 지도자에게 당당하게 편지와 선물을 보낸다는 자부심이었다. 만약 내가 마케팅 효과만을 기대했다면 그런 일을 시도하지 않았을 것이다. 나는 단지 마케팅 효과만을 노린 게 아니었다. 그냥 아이디어가 떠올랐고 그 아이디어를 실현한다는 것이 재미있었다. 그리고 그 재미에 푹 빠져 있었다. 말 그대로 그 일에 몰입해 있었다는 얘기다.

열정과 신념으로 일 자체에 몰입하라

사실 성공하거나 부자가 되는 것보다 더 좋은 것은 일에서 행복을 얻는 것이다. 그래서 옛 성현은 '행복의 기준은 세 가지다. 첫 번째는 자신이 좋아하는 일을 하는 것이고, 두 번째는 누군가를 사랑하는 것이며, 세 번째는 어떤 일에 희망을 갖는 것이다.'라고 말하기도 했다.

굳이 성현의 말을 들먹일 필요도 없다. 일에 몰두해서 느끼는 행복은 다른 무엇과 비교하기 어려운 행복이다. 스스로 일에 완전히 몰두하는 사람은 행복한 사람이다.

그런 사람이 하는 일은 결과가 좋을 수밖에 없다. 일에 완전히 몰두하는 사람과 그렇지 못한 사람. 과연 어떤 사람이 더 좋은 결과를 얻을 것인지는 굳이 묻지 않아도 뻔한 것이다. 설사 결과가 한때 안 좋아도 일 자체의 즐거움으로 어느 정도 보상은 받는 것이다.

어찌 보면 일에서 재미를 느끼는 것이 결과보다 먼저여야 할지도 모른다. 사실 일을 하면서 얻는 즐거움보다 더 큰 즐거움도 없다. 또한 자신의 일에 몰입한다면 결과 또한 좋을 수밖에 없다. 그러므로 일단은 스스로 일에 몰두해 즐거움을 찾아야만 한다.

몰입해야 열정과 신념의 에너지가 만들어진다. 열정과 신념으로 일에 몰입하는 사람을 성공의 여신은 절대 비껴가지 않을 것이다. 노력하는 사람도 즐기는 사람을 이길 수는 없다.

Rush Again!

누가 당신에게 도움을 주거든 기꺼이 받아라. 누가 당신에게 선물을 주거든 고맙게 받아라. 상대방의 호의를 거절하지 마라. 주위에는 줄 생각은 안 하고 받기만 좋아하는 사람들이 있다. 그런데 주기만 할 뿐 받을 줄 모르는 사람도 의외로 많다. 명심하자. 받는 것을 자꾸 거절하면 복이 달아난다. 받는 것도 연습해야 한다. 기꺼이 받고 받은 만큼, 아니 그 이상으로 되돌려주자!

뛰다 보면
풀린다

　직장인이든 사업가든 자기가 하는 일, 자기 회사에서 만드는 제품을 진정으로 사랑하고 즐기지 않는다면 성공할 생각은 접어야 한다. 노력만 가지고는 부족하다. 앞에서도 말했듯이 천재는 노력하는 사람을 이길 수 없고 노력하는 사람은 즐기는 사람을 이길 수 없는 법이다.

　"그냥 돈 벌려고 하는 거죠, 뭐." "우리 제품, 사실 별거 없어요. 광고가 그런 거지 실제로는……." 등의 말을 하는 사람이 안타깝게도 주변에 너무나 많다. 입에 이런 말을 담으면서 어찌 성공을 바란단 말인가. 이런 사고방식이라면 노력해도 결과는 불을 보듯 훤하다. 또 설령 돈을 번다한들 무슨 의미가 있겠는가.

　자기가 좋아하는 일을 해야 한다. 그래야 성공할 수 있다. 그리고 한번 시작한 일이라면, 피할 수 없는 일이라면 그 일을 좋아해야 한다. 그래야 운이 따르고 성공 아이디어가 떠오르는 법이다.

‘내 몸으로 보여주겠다!’

나는 2005년 8월 8일 ‘통마늘진액’이라는 건강식품이 출시된 날 새벽부터 달리기를 시작했다. 내가 만든 제품을 나부터 먹어 뭔가 좋아졌음을 입증해 보이기 위해 시작한 것이다. 건강식품 회사를 운영하는 사람으로서 마땅히 해야 할 일이라고 생각되었다. 자기가 만드는 제품에 대한 확신을 자신도 갖지 못한다면 어느 누가 돈을 주고 사 먹겠는가.

그동안 대학교수 및 의사 등과 이야기를 나누고 직접 체험과 독서를 통해서 충분한 양의 마늘을 꾸준히 먹기만 하면 활력이 증강됨과 동시에 지구력이 좋아질 것이라는 확실한 믿음을 갖게 되었다. 또한 마늘에서 진액을 추출하고 농축시키는 제품 생산 과정에 직접 참여하면서 ‘대한민국 국민 누가 먹어도 힘을 얻을 것’이라는 자신감이 생겼다. 그리고 그것이 진실임을 내 몸으로 보여주고 싶었던 것이다.

처음에는 동네 주위를 도는 것으로 시작했다. 첫날 뛴 거리는 700미터였다. 한여름인데다 생전 안 하던 달리기를 해서인지 엄청나게 헉헉댔다. 잇몸이 아프고 배에 가스까지 찼다. ‘과연 내가 마늘의 지구력을 입증해 낼 수 있을까?’ 하는 의문이 들 정도였다.

그날부터 하루 최소 석 잔 이상, 손님과 만나는 날은 열 잔 이상 ‘통마늘진액’을 마시면서 매일 수백 미터씩 달리기 거리를 늘려갔다.

9월 18일, 추석 연휴 때였다. 아내에게 “오늘은 좀 먼 곳까지 뛰고 오겠다"고 말한 뒤 혹시 쓰러지지 않을까 하는 염려(?)에서 신발 바닥에 명함을 한 장 붙이고 동백섬을 돌아 해운대의 조선비치호텔까지 달렸다.

호텔로 들어가 "물 좀 한 잔 주세요." 했더니 직원이 의아한 표정으로 쳐다보았다. "내가 이 호텔 VIP 회원인데 지금 달리기 중이라 모습이 이래요. 물 좀 주세요." 하고 다시 부탁해 물을 한 잔 얻어 마신 뒤 호텔 로비에서 집으로 전화를 했다. 아내는 조선비치호텔까지 달렸다는 내 말에 깜짝 놀라며 빨리 택시 타고 돌아오라고 했다. 나는 아내에게 직접 보여주고 싶어서 메모지에 조선비치호텔 스탬프를 찍어 주머니에 넣은 뒤 집으로 달려갔다.

그날 총 15킬로미터 정도를 뛰었다. 몸무게를 달아보니 1.5킬로그램이 빠져 있었다. 그래도 크게 무리했다는 느낌이 들지 않았다. 자신감을 얻은 나는 '이참에 아예 마라톤에 도전하자'고 결심했다. 즉시 회사 간부들에게 문자 메시지를 보냈다. '9월 28일 출근 시간대에 집에서 공장까지 21킬로미터를 달리겠노라'고.

당시 나의 마라톤은 단순한 달리기가 아니라 일종의 '마라톤 경영'이었다. 달리기를 시작한 지 얼마 안 돼 21킬로미터를 완주했다면 화젯거리가 될 것이고, 아침부터 회사 차량을 앞세우고 부산 시내를 질주하는 이색적인 풍경이 사람들 눈길을 끌어 회사 홍보에 큰 도움이 될 것으로 생각한 것이다.

난생처음 시도하는 일이라 겁도 좀 나기에 마음을 굳히기 위해 주변에 죄다 알렸다. 김영식이가 마라톤을 시작했다고. 아예 신문 광고에도 나의 마라톤 이야기를 썼다. 내가 마라톤 결심에 대해 알린 사람만 해도 아마 1,000명은 족히 될 것이다. 뚝심카페 회원들도 반드시 해내라며 뜨거운 성원을 보내주었다. 아울러 서울대 경영대학원 최고 경영자 과정 동기들을 비롯해 여러 대학원 동문(나는 15개의 대학원 최고 경영자 과정을 수료했다), 언론사 기자, 평소 교류하는 대학교수, 의사 그리고 거래 회사 대표들에게까지 알렸다.

호언장담했기에 이제는 계획을 변경시킬 수가 없었다. 매일 꾸준히 연습했다. 나는 뭔가 시작했다 하면 승부가 날 때까지 밀어붙이는 근성이 있다. 마라톤도 마찬가지였다. 8월 8일 700미터 달리기를 시작한 뒤 온 힘을 다해 연습했다. 물론 '통마늘진액'도 부지런히 먹었다.

집에서 공장까지 21킬로미터를 통마늘 힘으로 달려

드디어 9월 28일 새벽. 대중목욕탕에 가서 냉온탕을 오가며 목욕을 하고 집으로 왔는데 공장 간부들이 집 앞에 대기하고 있는 것이 아닌가. 순간 정신이 번쩍 들었다. '야, 이젠 꼼짝할 수 없겠구나.' 싶었다. 원래 기사만 대동하고 뛸 생각이었는데 응원한다며 직원들까지 모조리 나왔으니 힘들어도 계속 뛸 수밖에 없게 된 것이었다.

아내는 "좀 더 연습하고 뛰면 좋겠는데……." 하면서 걱정했다. 사실 나 역시 며칠 전부터 무척 긴장한 상태였다. "나이 생각해라." "잘못하면 큰일 난다. 마라톤 하다 심장 마비도 걸린다더라." 하며 친지들의 걱정 어린 소리도 들려왔다. 3일 전부터 술도 일절 마시지 않고 나름대로 식이 요법에 들어갔다. 긴장되어 잠을 설치기도 했다. 그러다 어느새 무조건 뛰어야만 하는 상황을 맞이한 것이다.

직원들은 두 대의 회사 차량에 탑승했다. 나는 뛰기 시작했다. 회사 홍보 차량을 앞세우고 '통마늘진액' 홍보 문구가 인쇄된 러닝복을 입은 채 부산 남구 대연동 집 앞을 출발해 사상구 덕포동의 공장까지 21킬로미터를 달리기 시작했다.

마라톤 예정 구간 중 남구 대연동~동구~진구~사상구 덕포동은 평소 승용차로 출근하는 코스로 약 16킬로미터, 승용차로는 40분 남짓 걸리는 거리다. 나는 애초 목표했던 21킬로미터를 맞추기 위해 사상구에서 북구를 돌아 공장으로 가는 코스를 잡았다.

새벽부터 기이한 풍경을 목격한 시민들은 다들 재미있다는 표정이었다. 달리다 아는 사람을 몇몇 만나 손짓으로 인사를 하고 쳐다보는 시민에게 손을 흔들며 힘차게 달렸다.

15킬로미터쯤 달리자 너무 목이 말라 이온음료를 마셨다. 너무 달아서 마시기가 좀 그랬다. 차량에 탑승하고 있던 회사 연구실 상무가 '통마늘진액'을 한 잔 따라주었다.

순간 팍! 힘이 치솟아 오르는 것을 느꼈다. 조금의 거짓도 없는 진실한 체험이다. '역시 마늘이야!' 하면서 멈추지 않고 달려가니 어느새 공장이 눈에 들어왔다. 2시간 26분 58초 만에 공장 문 앞에 도착했다. 결승점에 골인하자 대기하고 있던 직원들이 꽃다발을 걸어주며 축하해주었다. 마치 영웅이 된 듯한 기분이었다. 올림픽 마라톤에서 금메달이라도 딴 것 같았다.

직원들은 물론 평소 나와 친분이 두터운 600여 명의 지인에게 문자 메시지를 날렸다. '김영식 회장이 무사히 21킬로미터를 달렸노라'고. 공장 집무실로 들어가자 휴대전화로 축하 메시지가 들어오기 시작했다. 그날 하루에만 수백 개를 받았다. 서울 회사의 직원들은 이메일로, 인터넷 메신저로, 팩스로 축하해 주었다. 벅찬 감동이었다. 9월 28일은 내 생애의 가장 기쁜 날로 영원히 기억될 것이다.

그날 나는 직원들에게 새로운 약속을 했다.

"앞으로는 마라톤 경영입니다. 이제 42.195킬로미터 풀코스에 도전할 거예요."

직원들도 호응해 주어 11월 20일 부산 '국제신문'이 주관하는 마라톤 대회에 부산 공장 직원 전원이 참가하기로 했다.

■■ '마라톤 경영'은 고객에 대한 예의

우리 회사 제품 몇 개 더 팔자고 이런 이야기를 하는 것이 아니다. 21킬로미터는 마라톤 동호인들의 수준에서 보면 그리 긴 거리가 아니겠지만, 그래도 시작한 지 얼마 안 돼 그 거리를 주파했다는 점에 큰 의미를 부여하고 싶다. 그리고 더 중요한 것은 내가 만드는 제품의 효험을 고객들에게 직접 몸으로 보여주었다는 사실이다. 나는 이것을 고객에 대한 최소한의 예의라고 생각한다.

나는 십수 년 전 달팽이 사업을 할 때 '비행기를 타도 달팽이, 택시를 타도 달팽이'였다. 누구를 만나든 달팽이 이야기를 늘어놓고 달팽이를 히트시키는 데 모든 것을 쏟아부었다.

이제는 마늘이다. 나는 자나 깨나 마늘 생각뿐이다. 누구를 만나든 마늘 얘기를 하고 승용차에 마늘 관련 책자와 제품을 가득 싣고 다니면서 만나는 사람에게 선물한다. 비행기를 탈 때도 발권 창구 직원에게 마시라고 뜯어 건네준다.

뚝심카페에 '통마늘진액'의 마케팅 현황을 중계하는가 하면, 인터넷으로 매일 직원 교육을 하기도 한다. 대부분의 중앙 일간지에 광고를 내보내고 있다. 매일 광고가 나온다고 해도 과언이 아니다. 아마 독자들도 신문에서 '통마늘진액' 광고를 몇 번쯤 보았을 것이다.

결과는 어떨까? 두말할 필요도 없다. 예상했던 대로 히트했다. 사업을 시작한 이래 가장 크게 대박을 날렸다. 히트하지 않는다면 그것이 이상한 일이다. 정직하고 자신 있게 제품을 만들고 그 제품의 효능을 직접 체험하며 그 제품이 왜 좋은지를 줄기차게 알렸는데 고객들이 반응하지 않을 리 있겠는가!

Rush Again!

일이 잘 안 풀릴 때는 나가서 뛰어보라. 처음부터 무리하지 말고 천천히 뛰어보라. 한참 뛰다 보면 아이디어가 솟아오른다. 이를 대비하여 펜과 종이를 주머니에 넣고 뛰면 더욱 좋을 것이다. 내가 잘 아는 비타민 C 박사, 서울대 의대 이왕재 교수는 매일 10킬로미터씩 한강변을 달린다. 그분은 자신의 열정과 아이디어의 원천이 바로 비타민 C와 마라톤이라고 말한다.

당신의 목표를
널리 알려라

몇 년 전 신년 모임 자리였다. 직원들이 돌아가며 그해 자기의 목표를 말하는데 추상적인 목표가 대부분이었다. 그런데 한 직원은 이렇게 말했다.

"회장님, 저는 올해 3,000만 원을 저축하는 것이 목표입니다."

나는 특별히 그 직원을 칭찬했다. "그래, 정말 좋은 목표다. 목표는 그렇게 구체적이고 명확해야 한다. 나도 올해 당신의 목표가 이루어지도록 성의껏 돕겠다! 함께 3,000만 원을 저축할 수 있도록 해보자." 하면서 특별 보너스를 지급했다.

목표는 구체적이고 명확해야 한다. '열심히 살자'거나 '하루하루를 충실하게' 또는 '정직과 노력' 등은 삶의 좋은 자세는 될지언정 목표라고 이름 붙이기에는 좀 그렇다. '올해는 성공하자!' 이런 것도 너무 모호하다.

목표는 구체적이고 명확하게! 그것이 철칙이다. 정해진 목표는 휴대전화 액정에 콱 박아두고 매일 쳐다봐야 한다. 그리고 자기의 목표를 다른 사람들에게도 널리 알리는 것이 좋다. 마치 담배를 끊기 위해 주위 사람들에게 금연 결심을 선포하는 것처럼! 그래야 그 목표에 강제력이 생긴다.

우리 회사는 8월에 기념일이 두 번 있다. 천호식품 창립일인 28일과 '통마늘진액' 출시일인 8일이다. 돌아보니 짧지 않은 시간이다. 그 24년 역사의 꼭대기에 '통마늘진액'이라는 히트 제품이 있다. 2005년 8월 8일, '팔팔하게 살자'는 의미를 담아 이 제품을 출시했다.

나는 '마늘이 최고'라는 확신을 갖고 '통마늘진액'에 불을 붙이기 위해 백방으로 노력했다. 그 결과 건강식품 사상 최고의 불경기이던 지난 3년 동안 '통마늘진액'은 베스트셀러 자리를 놓치지 않았다. 우리 회사에서 직접 생산하는 150여 종의 제품 가운데 3년째 판매 1위, 고객 만족도 1위를 고수하고 있다. 이 한 제품 매출만 연간 수백 억 원대다.

보통 건강식품은 6개월 주기로 유행을 탄다는 게 정설이다. '통마늘진액'은 3년이 지났는데도 판매량이 줄기는커녕 더욱 늘어나고 있다. 이 제품만큼은 앞으로도 그 인기가 변함없을 것 같은 예감이다.

마늘이 몸에 좋다는 것은 누구나 다 아는 사실이다. 그리고 그 사실을 확신의 단계로 끌어올려 주는 정보들이 쏟아지고 있다. 텔레비전의 각종 인기 건강 프로그램에 마늘은 단골 메뉴로 등장한다. 뿐만 아니라 마늘의 유효성에 관한 연구 결과도 계속 발표되고 있다. '마늘이 몸에 좋다'는 정도가 아니라 '마늘을 먹어야 건강하게 살 수 있다'는 신념이 확산되고 있는 것이다.

'통마늘진액'이 빅히트한 것은 정직한 원료를 가지고 특별한 공법으로 만들어내고 있다는 제품 자체의 장점뿐만 아니라 언론 보도에도 힘입었음이 사실이다. 그러나 행운이 저절로 찾아온 것은 아니다. 우리는 '통마늘진액'을 띄우기 위해 뼈를 깎는 노력을 마다치 않았다.

마라톤 경영에 이어 자전거로 국토 종단

나는 이 제품의 출시를 앞두고 뚝심카페에 '세상 사람들의 주목을 받을 제품'이 곧 출시된다고 예고했고 지인들에게도 이 사실을 널리 알렸다. 앞서 말했듯 제품이 출시된 뒤에는 집에서 공장까지 21킬로미터를 달린 뒤 '마라톤 경영'을 선포했다. 직원들과 함께 각종 마라톤 대회에 출전했으며 틈날 때마다 달렸다. 그리고 대부분의 중앙 일간지를 포함한 총 17개 신문에 대대적인 광고를 했다.

'통마늘진액'은 마라톤과 함께 불붙기 시작했다. 무서운 속도로 판매량이 늘어갔다. 그러나 여기까지는 예고편이었다. 2006년 봄, 나는 서울 천호식품의 박경욱 사장에게 물었다.

"'통마늘진액'에 불을 붙이려면 마라톤 가지고는 부족해. 아예 국토 종단을 해야겠어. 내가 자전거를 타고 부산역에서 서울역까지 가면 어떻겠어? 그 과정을 기록해서 고객들에게 알려주는 동시에 신문에 광고도 내고 각종 이벤트도 벌이고 말이야."

박 사장은 상당한 뉴스거리가 될 것이고 '내가 먹지 않으면 결코 남에게도 권하지 않는다'는 경영 신조에도 딱 들어맞는다며 대찬성이었다. 확신이 섰다. 나는 부산역에서 서울역까지 자전거로 달리기로 했다. 박 사장은 마케팅으로 뒷받침하기로 했다.

결심한 즉시 2,000여 명의 지인에게 문자 메시지를 날렸다. 부산역에서 서울역까지 520킬로미터를 자전거로 달리겠다고. 그랬더니 여기저기서 격려와 응원이 쏟아졌다. 이제 결정을 무를 수가 없게 되었다. 나는 회사 일을 마치고 밤마다 부지런히 연습했다.

마침내 출발일인 4월 27일 오전 8시, 응원을 나온 직원과 지인 100여 명 앞에서 발원문을 낭독한 뒤 동아대 사이클 동아리 회원 5명과 함께 부산역을 출발했다.

부산역을 두 바퀴 돌다가 아내의 걱정 어린 눈과 마주쳤다. 문득 아내를 힘껏 안아주고 싶었지만 그냥 지나치기로 했다. 아내가 눈물이라도 터뜨리면 마음이 아플 것 같아서였다.

사이클 국토 대장정을 시작한 우리 6명의 깃발과 유니폼에는 '독일월드컵 4강 기원 국토 520킬로미터 사이클 대장정, 부산역에서 서울역까지 천호통마늘진액'이라는 글귀가 선명히 새겨져 있었다.

부산 구포다리를 건너자마자 자전거 두 대의 타이어가 펑크가 났다. 금방 교체하고 다시 출발했다. 밀양에서 돼지 수육과 밥을 먹고 다시 페달을 밟았다. 첫날 청도의 용암온천에서 숙박을 했다. 다음 날 아침, 로션을 꺼내기 위해 가방을 열었더니 뭔가 손에 잡히는 게 있었다. 꺼내보니 아내가 쓴 편지였다.

가슴이 두근거려 잠을 이룰 수가 없습니다. 내일 아침 먼 길을 떠날 당신을 생각하니 너무나 긴장됩니다. 하지만 잘 해내리라 믿습니다. 당신을 인간이라기보다는 신이라 믿고 싶어요.

아무리 힘든 일도 다 이겨내는 당신! 이번에도 잘 해내리라 믿습니다. 당신을 보고 있으면 우리의 미래는 즐겁고 행복한 날밖에 없다고 생각됩니다. 언제나 따뜻한 당신! 고맙습니다. 절대로 무리하지 말고 끝까지 파이팅 하세요. 힘내시고요! 사랑합니다. 당신의 아내가.

아내의 편지를 읽으니 가슴이 뭉클했다. 경산, 대구, 왜관, 구미를 돌아 김천 직지사, 추풍령, 대전 유성, 조치원과 천안, 평택, 오산을 거쳐 서울 입성만 남겨놓고 있었다.

나는 피로할 때마다 '통마늘진액'을 마셨다. 그즈음엔 사이클 동아리 학생들도 이 제품에 중독되어 있었다. 우리는 피로를 느낄 때마다 "마늘! 마늘!" 하고 소리치면서 잠시 멈춰 '통마늘진액'을 한 잔씩 마셨다.

"회장님, '통마늘진액'에 중독되었어요!"

학생들에게 이런 말을 들을 때는 기분이 좋았다. 마지막 5일째 되는 날, 대망의 서울 입성을 향해 힘차게 페달을 밟았다. 신기하게도 그때까지 우리는 별로 지치지 않았다. 역시 통마늘의 힘인 것 같았다. 평지에서 평균 시속 20킬로미터로 달렸는데 이날은 오르막에서도 무려 27킬로미터까지 달릴 수 있었다. 수원, 안양, 시흥을 지나 한강 다리를 건너고 마침내 서울역 건너편 신호등에 멈춰 섰는데 아내와 아들, 딸, 직원이 환호하는 모습이 눈에 들어왔다.

저녁에 샤워를 하고 드러눕자 엄청난 피로가 몰려왔다. 누워서 가만히 생각해보니 부산에서 서울까지 그 먼 길을 자전거로 달려 왔다는 게 믿어지지 않았다. '통마늘진액'의 효능을 내 몸으로 직접 보여주겠다는 의지가 없었다면 불가능한 일이었다. 나는 연습할 때 나 서울역을 향해 출발할 때도 의심하지 않았다. 가야 한다는 생각 뿐이었다.

나는 사이클 연습 한 달 만에 '통마늘진액'의 힘, 그리고 목표를 설정하고 그것을 주변에 알린 덕분에 520킬로미터를 달릴 수 있었 다. 이 사실이 언론에 보도되고 신문 광고로 나가게 되자 '통마늘진 액'의 매출은 마치 불에 기름을 부은 듯했다.

대박이 난 것이다. 어느새 '통마늘진액'은 '아침에 일어날 때마다 몸이 천근만근 무거운 사람들의 친구'가 되었고 태릉국가대표선수 촌에도 공급되었다.

그동안 '통마늘진액'을 띄우기 위해 우리가 했던 일을 정리해보면 대략 다음과 같다.

- 뚝심카페를 통해 제품 출시를 알렸다.
- 전 직원이 홍보 티셔츠를 입고 근무했다.
- 전 직원이 각종 마라톤 대회와 등산 대회에 참가하여 캠페인 을 벌였다.
- 전국 규모의 테니스 대회를 개최했다.
- 경남 남해군과 기술 및 원료 공급 협약을 체결했다.

- 경남 남해군의 마늘 축제를 후원했다.
- 경남 남해군 마늘 재배 농가의 자녀에게 장학금을 지원했다.
- 골프 대회를 후원했다.
- 전 중앙 일간지를 비롯해 총 17개 일간지에 광고를 집행했다.
- 대학교수들에게 연구비를 지원했다.
- 마티즈 자동차 등을 경품으로 내걸고 사은 행사를 개최했다.
- '통마늘진액' 체험 후기를 모집했다.

작은 것부터 이뤄 나가야 한다

앞에서도 강조했듯이 성공하려면 정확한 목표를 설정한 뒤 주변에 알려야 한다. 또한 뒤돌아보거나 곁눈질하지 않고 오직 목표만 보고 달려야 한다.

내가 사이클 국토 대장정에서 배운 것은 바로 그런 명쾌한 진리였다. 한 가지 간과하지 말아야 할 점은 내가 줄곧 5명의 대학생과 함께했다는 것이다. 목표를 향해 나아갈 때 누군가 지켜봐주면 더욱 힘이 나게 마련이다.

따라서 목표를 세우면 주위 여러 사람에게 알리는 것이 좋다. 그러면 그들이 도와줄 것이다. 당사자는 더 열심히 목표 달성에 집중하게 된다.

목표는 너무 작아도 너무 커도 안 된다. 설혹 원대한 목표라 하더라도 한 걸음부터 시작해야 한다. 예컨대 마라톤 선수들은 42.195킬로미터 구간 전체를 생각하지 않는다고 한다. 몇 킬로미터씩 구분해서 그 구간만 염두에 두고 뛴다는 것이다. 정해놓은 한 구간을 뛰고 그다음 구간을 뛰는 식으로 말이다. 그렇게 구간별로 정해진 목표를 이루다 보면 어느새 42.195킬로미터를 모두 뛰게 되는 것이다.

에베레스트 산에 오르는 것도 한 걸음부터 시작하지 않으면 안 된다. 아무리 큰 목표라도 작은 것부터 이뤄나가야 한다는 점을 잊지 말아야 한다.

성공하고 싶은가? 그렇다면 일단 목표부터 설정하라. 그리고 그 목표를 가능한 한 주변 사람들에게 알려라. 당신이 목표를 달성할 수 있도록 그들이 도와줄 것이다. 목표를 이루는 과정을 다른 이와 함께하면 더욱 좋다. 그렇게 한 걸음씩 성취해 나가라.

다시 말해 많이도 말고 10미터만 더 뛰라는 것이다. 그러면 어느덧 당신의 원대한 꿈은 눈앞에 성큼 다가와 있을 것이다.

Rush Again!

'순환의 원리'를 아는가? 물이 고여 있으면 반드시 썩는다. 피가 흐르지 않으면 사람은 죽는다. 세상 모든 게 마찬가지다. 돌아가지 않으면 죽음이다. 밖으로 나가서 사람을 만나라. 당신의 직업 영역에만 머물지 말고 전혀 관계없는 다른 분야의 사람들도 많이 만나라. 낯선 곳의 신선한 공기가 당신의 정신적·육체적·직업적 생명을 재생시켜 줄 것이다.

결코 페달에서
발을 떼지 마라

인생은 종종 마라톤에 비유된다. 특히 인내와 끈기를 가지고 결승점까지 달려야 한다는 점에서 비슷하다. 내가 쉬는 동안에도 경쟁자들은 계속 달린다. 내가 넘어지면 다른 사람들과의 격차는 더욱 벌어진다.

그러나 마라톤과 분명히 다른 점이 있다. 인생에서는 1등이 딱 한 사람은 아니라는 점이다. 마라톤에서는 기록이 가장 빠른 사람만 1등이 될 수 있다. 그러나 인생에서는 누구나 1등이 될 수 있다.

나는 부자가 되기 위해 내 모든 노력을 쏟아 부었다. 그래서 어느 정도 부자가 되었다. 몇 차례나 넘어져 그대로 경기를 포기할까 싶은 순간도 많았다. 그때마다 나는 오뚝이처럼 다시 일어났다. 넘어졌다 다시 일어서기를 숱하게 반복했다.

넘어지는 순간 '아, 이대로 끝이구나.' 하는 절망감이 목구멍까지 차오르던 때도 많았다. 그런데 그때마다 내 안에서 놀라운 오기가 생겨났다. '이대로 끝낼 수는 없다. 다시 해 보자'는 뚝심이 나를 일으켜 세웠다. 그렇게 일어나면 나는 다시 달렸다. 그렇게 쉼 없이 달린 결과가 바로 오늘이다.

돌이켜보면 위기가 참 많았다. 인생은 자전거를 타는 것과 비슷하다. 정상에 도착했다고 생각해 페달을 밟지 않으면 그 순간 자전거는 쓰러지고 만다. '이곳이 정상이구나.' '성공이구나.' '대박이구나.' 하는 벅찬 감격을 느끼는 순간에도 페달을 계속 밟지 않으면 안 된다.

"챔피언 자리에 오르기도 어렵지만, 그것을 지켜내는 것은 더욱 어렵다."

스포츠 경기가 있을 때마다 나오는 말이다. 인생에서의 성공도 마찬가지인 듯싶다. 성공하기도 어렵지만 성공을 이룬 다음이 더 어렵다. 멈추지 말고 계속 전진해야 한다. 그러려면 성공을 잇는 또 다른 성공을 일궈내야 한다.

■■
■■

후속타 없는 홈런 한 방은 허무하다

나는 '강화사자발쑥진액'의 히트로 비로소 재기의 발판을 마련했다. 제품은 쑥쑥 잘 나갔고 조금 있으면 빚도 모두 갚을 수 있었다. 그러나 그것에 만족해서는 안 되었다. 뭔가 또 다른 한 방이 필요했다.

그러던 차에 정말 기대하던 한 방이 터졌다. 매출이 이전보다 훌쩍 뛰어 한 번 더 도약할 수 있게 된 것이다. 그 원동력은 새로 출시한 '사슴한마리'라는 제품이었다.

이 제품이 기대 이상의 히트를 했다. 나는 제품의 이름을 '사슴진액'이 아닌 '사슴한마리'로 정했는데 그 제품명이 히트에 중요한 역할을 했다.

제품 이름을 그렇게 정한 데는 이유가 있었다. '사슴한마리'는 사슴의 거의 전 부위를, 말 그대로 사슴 한 마리를 통째로 넣고 추출한 보양 식품이었기 때문이다.

생각을 1도만 틀어라

광고도 한몫을 했다.

"녹용 10돈을 무료로 드립니다!"

당시 이 제품 신문 광고의 헤드라인이다. 태릉국가대표선수촌 공급 기념으로 두 박스를 구입하는 고객에게 녹용 10돈을 무료로 제공한다는 내용의 카피였다. 녹용 10돈이면 1냥이다.

그런데 1냥을 주겠다는 것과 10돈을 주겠다는 것, 과연 어느 것이 더 시선을 끌겠는가? 만약 '녹용 1냥을 무료로 드립니다'라고 광고했다면 어땠을까? 보나마나다. 그런 광고는 이른바 임팩트가 없다. 사람들의 눈길을 끌지 못한다. 생각을 1도만 틀어보면 결정적인 해답이 나오게 마련이다.

'사슴한마리'의 히트는 내게 큰 보약이 되었다. 그전까지만 해도 '강화사자발쑥진액'이라는 단일 품목으로 사업했다.

물론 판매는 잘되었지만 그것 하나만으로는 불안했다. 승부를 제대로 내려면, 아니 기업을 계속 유지하려면 후속 히트 제품이 나와야 한다. 그 역할을 '사슴한마리'가 절묘한 시점에 해주었다. 주력 제품이 둘로 늘면서 훨씬 안정적인 경영을 할 수 있었다.

야구 경기에서 경기를 확실하게 책임져주는 선발 투수 2명을 '원-투 펀치'라고 표현한다. 나도 '사슴한마리'를 히트시킴으로써 이제 '원-투 펀치'를 갖게 되었다.

성공이 어느 순간 습관이 되듯 히트 상품도 습관으로 굳어졌다. 이후 '산수유환' '석류액' '통마늘진액' 등 대형 히트 제품이 속속 나오면서 기업을 한 계단 끌어올릴 수 있었다.

제품 하나가 '대형 사고'를 터뜨려 순식간에 스타덤에 올랐다가 후속타 불발로 주저앉는 기업이 한둘이 아니다. 인생은 마라톤이다. 사업도 마라톤이다. 직장 생활 역시 마라톤이다. 앞을 보고 계속 달려야 한다. 오늘은 어제보다 10미터를 더 뛰어야 한다.

주위를 둘러보면 단 한 번의 펀치로 승부를 결정지으려는 사람이 적지 않다. '한 방의 유혹'이 떨쳐버리기 어려운 만큼 짜릿한 것 또한 사실이다. 마치 야구의 역전 만루 홈런과 같은 것이기 때문이다.

실제로 단 한 번에 대박을 터뜨려 성공하는 사람도 종종 있다. 그런데 그렇게 성공한 사람들을 잘 살펴보면 마지막까지 웃는 사람은 드물다. 그 성공을 발판으로 삼아 계속 성공을 일구기보다는 '한

방의 유혹'을 잊지 못해 '더 큰 한 방'만 노리다 '헛방'으로 끝내는 사람이 부지기수다. 솔직히 나 또한 젊은 시절 '한 방'을 날려 돈방석에 오른 적이 여러 번 있다. 그러나 그때뿐이었다. 성공이란 일시적인 순간을 의미하는 것이 아니라는 사실을 깨닫는 데 많은 시간이 필요했다.

이 책을 읽는 여러분은 그런 수업료를 지불할 필요가 없다. 한 번의 성공, 한 번의 실패에 웃고 울고 하지 말자. 대신 늘 10미터를 더 뛰자. 그러면 성공은 당신의 것이다.

이 정도는 되어야
제대로 미친 것

어제는 부도난 수표, 내일은 언제 부도날지 모르는 약속 어음, 오늘은 현찰이다.

옛날에 아무리 부자였더라도 한순간 망해 빈털터리가 되었다면 소용이 없다. 성공하고 잘나갈 때는 주변에 사람이 엄청나게 몰린다. 마치 제때를 만나 밀려드는 고기 떼를 보는 듯하다.

그러나 일이 안 풀리고 실패했을 때는 언제 그랬냐 싶게 썰물처럼 빠져나가 버린다. 고객도 마찬가지다. 다가오는 기간은 10년이지만 떠나가는 데는 단 10초면 충분하다. 그리고 그 한 사람의 고객은 수십 명의 다른 고객까지 끌고 나간다.

성공은 현재 진행형이다. 현재 진행형을 유지하기 위해 항상 10미터를 더 뛰어야 한다. 성공을 거두고서도 10미터를 더 뛰는 것은 미치지 않고서는 불가능하다. 미쳐도 제대로 미쳐야 한다. 당신부터 미치고 주변 사람도 미치게 해야 한다.

당신이 어떤 제품을 만들었다면 그 제품에 미쳐야 한다. 회사에서 중요한 프로젝트를 맡았다면 그 프로젝트에 미쳐야 한다. 당신이 연구원이라면 연구에 미쳐야 한다. 축구 선수라면 축구에 미쳐야 한다. 꿈속에서조차 당신이 하는 일을 볼 수 있어야 한다.

공항 컴퓨터 초기 화면을 내 회사 홈페이지로

만약 다음과 같이 미친다면 제대로 미쳤다고 할 수 있을 것이다.

내 이야기다. 강의할 때 이 이야기를 해주면 청중들이 대개 '빡' 간다. 앙코르를 엄청 많이 받았던 스토리다. 내용은 간단하다.

서울~부산을 자주 오가는 나는 공항에 가면 비즈니스 센터를 먼저 찾는다. 거기서 내가 운영하는 뚝심카페에 들어가 새 글을 올리고 답글도 달아준다. 메신저에 접속해 직원들에게 업무를 지시하기도 한다.

그렇게 일을 마치고 나면 꼭 하는 일이 있다. 내가 사용한 컴퓨터의 인터넷 초기 화면을 '천호식품 홈페이지'로 바꿔놓는 것이다. 빈자리의 컴퓨터 인터넷 초기 화면도 천호식품 홈페이지로 바꿔놓는다. 관공서에 가서도 마찬가지다. 나는 지금도 공공 기관 같은 곳에 가면 인터넷 초기 화면을 천호식품 홈페이지로 설정해 놓는다(인터넷 초기 화면이 그 기관의 홈페이지로 설정되어 있는 경우를 제외하고).

이 이야기를 해주면 청중들이 여기저기서 "와!" 한다. '아, 그런 방법도 있구나. 그렇게도 하는구나.' 하는 것이다. 내가 말하려는 것은 그런 기법이 아니다. 그 기법의 배후에 숨어 있는 정신을 말하고자 하는 것이다.

인사성이라곤 찾아볼 수도 없던 사람이 식당을 차린 뒤 언제부터인가 손님들에게 인사를 잘하는 이유가 무엇인가? 그렇게 해야만 장사가 잘된다는 것을 깨달았기 때문이다. 아마 자기 장사가 아니라면 그렇게 안 할 것이다. 자기 장사이기에 그렇게 하는 것이다. 자기 장사를 하다가 몸소 실패를 겪었기 때문에 그렇게 하는 것이다. 간과 쓸개를 내놓기로 할 정도로 미쳤기 때문에 그렇게 하는 것이다.

고도의 기법을 아무리 배운들 그 기법을 실행에 옮기게 하는 힘, 즉 근본적인 태도가 바뀌지 않으면 아무런 쓸모가 없다. 새로운 기술을 하나 더 배울 생각을 하기 전에 자기 일에 미쳐야 한다. 그래야 진정 기술을 배우고 싶은 마음이 생겨난다. 설령 기술이 일천하다 해도 그 약점을 커버할 수가 있다.

우선 당신의 컴퓨터 바탕 화면부터 당신의 목표와 관련된 것으로 바꿔보라. 다른 곳에 가서 인터넷 초기 화면을 당신 회사 홈페이지로 바꿔보라. 그 정도로 미치라는 이야기다.

미쳤다는 확실한
추가 증거를 제시한다

우리 회사에 사상 최고의 대박을 안겨준 제품은 바로 '통마늘진액'이다. 이 제품은 미친 덕분에 나올 수 있었다. 제대로 미쳤다는 것이 확실한 증거로 제품 개발에 얽힌 이야기를 소개한다.

나는 3년 전부터 마늘에 미쳤다. 아무튼 엄청나게 미쳤다. '통마늘진액'이라는 건강식품이 나오기 전까지만 해도 우리나라에는 그런 부류의 건강식품이 없었다. 생마늘, 구운 마늘, 마늘 오일은 있었지만, 진액으로 뽑아낸 마늘은 없었다. 누구도 마늘을 마신다는 생각을 하지 못했다. 마늘을 마신다는 것, 이 콘셉트는 아마 내가 세계 최초가 아닐까 생각한다.

2005년 8월 이전, 나는 '산수유환'이라는 건강식품의 뒤를 잇는 대형 히트 제품 개발을 위해 골몰하고 있었다. 우리 회사를 더 키우고 싶었기 때문이다. 비록 중소기업이지만 대한민국 최고의 복지 기업으로 만들고 싶었다. 나는 바로 그 일에 미쳐 있었다.

'어떻게 하면 또 하나의 대박을 터뜨려서 우리 회사를 최고로 만들 것인가?'

온종일 생각했다. 자면서도 그 생각이었다. 그러던 어느 날 불현듯 떠오른 생각.

'마늘이 그렇게 우리 몸에 좋은데 먹기가 불편하단 말이지. 그런데 왜 다른 건 다 마시면서 마늘은 마시지 않는 걸까? 마늘을 마실 수는 없을까? 만약 마늘을 마실 수 있다면? 그런데 맵고 냄새가 나지 않는가. 그렇다면 냄새와 매운맛을 제거하면 되지 않을까? 마늘 냄새와 매운맛을 제거해서 마늘을 맛있게 마실 수 있게 한다?'

나는 여기까지 생각이 미치자 기절할 것 같았다. 나도 모르게 엄청난 생각을 해낸 것이다.

'이야, 바로 그거다. 마늘을 맛있게 마신다! 이건 무조건 대박이다. 아마 길이 있을 거다!'

다음 날 연구실 상무를 불렀다. 나의 콘셉트를 이야기한 뒤 연구 방향을 잡아주었다. 그때부터 연구실에서 직원들과 함께 살다시피 했다. 담당 상무의 지휘 아래 마늘 냄새와 매운맛을 제거하는 작업, 마늘에서 진액을 추출하는 연구 작업에 돌입했다.

물론 숱한 시행착오를 겪었다. 그러나 해냈다. 어느 날 만족할 만한 수준으로 시제품이 나온 것이다. 시제품의 성분 검사를 의뢰했더니 그야말로 대단한 결과가 나왔다. 마늘 속에 함유된 천연 당분이 고스란히 추출되었고 마늘의 핵심 성분인 비타민 B_1의 함량이 놀랄 만큼 증가한 것이다.

미치면 기적이 일어난다

마늘은 잘 몰라서 그렇지 사과나 배보다도 당도가 높다. KBS 텔레비전 「스펀지」라는 프로그램에서도 이 실험(마늘과 과일의 당도 비교)이 공개된 바 있다. 마늘의 천연 당도는 무려 36퍼센트나 된다. 그런데 매운맛을 내는 성분이 강해 단맛이 상쇄되는 것이다. 그런데 마늘에 열을 가하면 매운맛이 어느 정도 제거된다. 그래서 구운 마늘을 먹으면 매운맛을 그다지 느끼지 못하는 것이다.

마늘에 몇 도의 열을 가했을 때 매운맛이 얼마만큼 제거되고 단맛이 얼마만큼 살아나는가를 숱한 실험을 통해 확인해 나갔다. 이 같은 기초 실험을 토대로 추출 및 농축을 계속 시도하여 최적정값을 찾아낸 것이다. 그렇게 해서 완성된 마늘의 진액 추출 및 농축에 관한 공법은 나중에 특허를 획득하게 된다.

이 같은 혁신적인 방법으로 마늘에서 진액을 뽑아냈더니 비타민 B_1이 증가되고 활성화된 것을 확인할 수 있었다. 비타민 B_1은 에너지를 만들어내는 영양소다. 피로 회복에 놀라운 효과를 발휘하는 영양소인 것이다.

그런데 일반 식품 속에 들어 있는 비타민 B_1은 자기 할 일이 끝나면, 즉 에너지 형성 및 피로 회복 작용이 끝나면 몸 밖으로 빠져나가 버린다. 그런데 마늘 속의 비타민 B_1은 몸 안에서 흡수가 잘될 뿐만 아니라 제 할 일을 마치고 난 뒤에도 빠져나가지 않고 몸 안에 저장된다. 몸 안에 저장되어 있다가 몸이 피로해지면 다시 피로 회복 역할을 해주는 것이다.

한국 최초, 아니 세계 최초로 개발된 마시는 마늘 건강식품 '통마늘진액'의 제조 공정 및 기본 개념은 대강 이런 것이다. 이런 제품이 히트하지 않는다면 어떤 제품이 히트하겠는가.

2005년 8월 8일 출시된 '통마늘진액'은 그날부터 잘 팔렸다. 나중에 광고가 뒷받침된데다 내가 마라톤을 하고 부산역에서 서울역까지 자전거를 타는 등 이벤트를 하다 보니 급기야 '폭발'하게 된 것이다.

잘 생각해보자. 이건 나만 만들 수 있는 것이 아니다. 나만 할 수 있는 발상이 아니다. 우리나라에 건강식품 회사가 얼마나 많은가. 그런데 이 혁명적인 제품은 우리 회사에서 탄생했다. 혁명적인 발상 덕분이다.

그 혁명적인 발상은 어디서 나왔는가? 바로 미쳤던 것, 대한민국 최고 복지 기업 실현이라는 핵심 과제에 미쳤던 데서 나온 것이다. 미치면 그렇게 된다. 미치면 기적이 일어난다. 미쳐야 할 이유가 자명하지 않은가.

나는 무엇에 미칠 것인가, 잘 생각해보자!

미치니까
이렇게 되더라

제품 개발 과정에서도 그랬지만 판매 과정, 즉 띄워나가는 과정에서도 광기는 유감없이 발휘되었다. 나는 이 제품을 띄우기 위해 다음과 같이 했다.

- 일단 '내가 먹지 않는 것은 남에게도 권하지 않는다'는 철학을 확실하게 다졌다.
- 나부터 하루에 일고여덟 팩씩 마셨다. 몸소 그 효능을 입증해 보이기 위해!
- 이 제품을 마시면서부터 달리기를 시작해 마라톤으로까지 이어나갔다.
- 휴대전화에 '통마늘진액 대박!'이라고 목표를 선명하게 박았다. 직원들도 모두 그렇게 했다.
- 아내는 이 제품의 대박을 위해 백일기도를 했다.

- 뚝심카페에 이 제품이 대박을 칠 수밖에 없는 이유를 알렸다.
- 각 신문사와 방송사 대표들과 100대 기업 CEO들에게 이 제품을 선물했다.
- '통마늘진액' 마스코트를 개발했다.
- 전 직원이 홍보 티셔츠를 입고 근무했다.
- 전 직원이 각종 마라톤 대회와 등산 대회에 참가하여 캠페인을 벌였다.
- 전국 규모의 테니스 대회를 개최했다.
- 경남 남해군과 기술 및 원료 공급 협약을 체결했다.
- 경남 남해군의 마늘 축제를 후원했다.
- 경남 남해군 마늘 재배 농가의 자녀에게 장학금을 지원했다.
- 골프 대회를 후원했다.
- 전 중앙 일간지를 비롯해 총 17개 일간지에 광고를 집행했다.
- 대학교수들에게 연구비를 지원했다.
- 마늘 전문가가 되기 위해 도서관에 있는 마늘에 관한 책을 모두 읽었다.
- 마티즈 자동차 등을 경품으로 내걸고 사은 행사를 개최했다.
- 체험자들의 후기를 모집했다.
- 보산역에서 서울역까지 520킬로미터를 자전거를 타고 달렸다.
- 지인들을 만나면 이 제품을 설명하고 시음회를 했다.
- 지인들에게 이 제품이 대박을 칠 수 있도록 성원해달라고 문자 메시지를 보냈다.
- 회사를 방문하는 손님들에게 음료수 대신 '통마늘진액'을

내놓았다.

- 매일 광고 문안을 연구했다.
- 어디서 무엇을 보든 이 제품의 판매 아이디어와 연관을 지어 생각했다.
- 뒷산을 산책하거나 테니스를 칠 때도 "마늘 대박!"이라고 크게 외쳤다.
- 새해 첫날 일출을 맞으며 대박을 기원했다.
- 절에 가면 '마늘 대박' 또는 '천호 고객님, 감사합니다'라는 발원문을 써서 기와 불사를 했다.
- 대박을 위한 아이디어를 제출하는 직원에게 특별 시상을 했다.
- '통마늘진액'에 관한 사내 시험을 시행했다.
- 국내 유명 홈쇼핑 방송을 교섭해 직접 판매 방송에 출연했다.
- 해외 출장을 갈 때도 꼭 '통마늘진액'을 챙겼다.
- 골프를 치러 갈 때도 이 제품을 들고 가서 멤버에게 한 팩씩 돌리고 설명을 했다.
- 각 대학 최고 경영자 과정 동기 모임에 나가 '통마늘진액'을 설명하고 건배 제의 구호를 만들었다.
- 회사의 주요 간부들과 주 1회 이상 마케팅 토론을 벌였다.
- 이 제품의 제조 방법에 관한 특허를 신청해 획득했다.

'통마늘진액'을 한국 대표 건강식품으로 띄우기 위해 했던 일을 쓰자면 한도 끝도 없다. 그밖에도 수많은 생각을 했고 수많은 행동을 했다.

당신의 신념에 중독시켜라

마지막으로 한두 가지 더 소개하면서 사람이 미치면 이렇게 된다는 메시지를 전하고자 한다. 내 승용차와 가방 속에는 항상 '통마늘진액'이 준비되어 있다. 사람을 만나면 즉석에서 시음하게 한다.

그리고 상금 10만 원을 걸고 퀴즈를 내기도 한다. 원료가 무엇인지 맞히는 게 문제다. 수도 없이 많은 사람에게 퀴즈를 냈지만 알아맞히는 사람이 거의 없었다. 물론 지금은 많은 사람이 맞힌다. 유명해졌고 판매가 많이 되었기 때문이다. 그래서 지금은 그런 퀴즈를 내지는 않는다. 사람들은 마시고도 그것이 마늘인 줄 몰랐다(상표를 안 보여 준 상태에서는). 그만큼 마늘 냄새와 매운맛이 제거된 제품이라는 반증이다. 내가 왜 이런 퀴즈를 냈겠는가. '통마늘진액'을 띄우는 데 미쳤기 때문이다.

비행기를 탈 때는 발권 창구 직원, 라운지에서 근무하는 직원 그리고 승무원에게도 '통마늘진액'을 주었다. 내가 손수 포장을 뜯어 편하게 마실 수 있도록 서비스했다. 그래서 김포공항에서 일하는 상당수 사람들이 '통마늘진액'을 안다. 그리고 그들 중 상당수가 이 제품의 고객이기도 하다.

나는 그들에게 '통마늘진액'을 서비스하면서 마음속으로 '통마늘 뜬다! 통마늘 뜬다!' 하고 주문을 외웠다. 택시를 탈 때도 기사에게 문제를 냈다.

"기사님, 제가 문제를 하나 낼 테니까 맞혀보세요. 답을 알아맞

히면 요금에다 5,000원을 얹어드리겠습니다."

택시 기사들은 열이면 열 모두 호기심을 내비친다.

"뭔데요? 한번 내 보시지요."

"혹시 천호식품이라고 들어보셨습니까?"

택시 기사들의 반응은 각양각색이다. 어떤 사람은 5,000원이 탐나서인지 모르면서도 아는 체를 한다. 또 어떤 사람은 "혹시 어디어디 아닙니까?" 하고 생각나는 대로 대답하기도 한다. 그래도 시큰둥하게 반응하는 사람은 없다. 나는 택시 기사들의 반응을 살핀 뒤 꼭 설명을 해준다.

"천호식품은 건강식품 회사인데 거기서 나오는 '달팽이엑기스' '강화사자발쑥진액' '산수유환' '통마늘진액' 등은 전부 값도 싸고 최고 품질의 제품들입니다."

기사들은 고개를 끄덕거린다. 답을 맞히지 못했어도 5,000원을 더 주고 내려야 함은 물론이다. 택시 기사가 답을 맞히는 경우도 종종 있다.

"거기 '통마늘진액' 만드는 회사 아닙니까? 얼핏 광고에서 본 것 같은데요."

"한동안 쑥 제품으로 히트 친 회사 아닙니까?"

그러면 나는 또 이렇게 말한다.

"아이고, 기사님! 잘 아시네요. 감사합니다. 제가 바로 그 회사 회장이랍니다."

그러면 택시 기사는 놀라는 표정을 짓는다.

"아, 그러십니까?"

답을 맞히는 택시 기사에게는 1만 원을 더 얹어주고 내린다. 택시 기사들에게 들어간 돈은 단돈 5,000원에서 1만 원에 불과하지만, 그 효과는 몇 배 이상이다.

내가 미쳤다고 말하는 것은 대략 이와 같은 이야기이다.

미치자. 먼저 스스로 미치고 다른 사람들도 미치도록 하자. 당신의 신념에 중독되게끔 하라. 그렇다면 성공은 떼어놓은 당상이다!

Rush Again!

'순환의 원리'를 아는가? 물이 고여 있으면 반드시 썩는다. 피가 흐르지 않으면 사람은 죽는다. 세상 모든 게 마찬가지다. 돌아가지 않으면 죽음이다. 밖으로 나가서 사람을 만나라. 당신의 직업 영역에만 머물지 말고 전혀 관계없는 다른 분야의 사람들도 많이 만나라. 낯선 곳의 신선한 공기가 당신의 정신적·육체적·직업적 생명을 재생시켜 줄 것이다.

4장

한 가지만 따라 해도
술술 풀리는 인생 처방전

성공하지 못한 사람들을 보라.
성공할 기미가 없는 사람들을 보라. 말에 자신이 없고 부정과 비관으로 가득 차 있다.
그리고 늘 남을 탓하고 남을 욕한다. 성공하려면 성공한 사람들의 '말하는 법'을 훔쳐야 한다.
그들이 사용하는 어휘, 말투, 제스처, 말에 깃든 확신 등을 훔쳐라.
기억하라, 당신의 말은 바로 당신 자신이다!

약속시간 15분 전,
당신은 어디에 있는가

"약속시간 15분 전, 당신은 어디에 있는가?"

무슨 말인지 감이 잡힐 것이다. 도무지 무슨 말을 하려는지 잘 모르겠다면, 이 책 헛읽은 것이다. 만약 당신이 약속시간을 잘 지키는 사람이라고 하자. 그렇다면 당신은 인정받는 사람이다. 오늘 처지가 좀 어렵다고 해도 절망하지 마시라. 당신의 내일은 밝다. 신용이라는 무형의 큰 재산을 갖고 있기 때문이다.

만약 당신이 약속시간을 잘 못 지키는 사람이라고 하자. 그런데 이 말을 듣고 뜨끔했다. 그렇다면 당신은 가능성이 충분한 사람이다. 그것만 고친다면 당신은 성공할 수 있다. 약속시간 15분 전, 당신의 위치는 곧 당신의 오늘의 위치를 말해 준다. 그리고 그것은 내일의 위치를 예고해준다.

이것만 잘 지켜도 먹고사는 데 지장 없다

성공하는 데는 그다지 많은 기술과 능력이 필요하지 않다. 사람이 어떻게 모든 걸 다 갖출 수 있겠는가. 천하의 빌 게이츠라 해도 각 방면의 능력을 두루 갖추지는 않았을 것이다.

다만 몇 가지 점에서 아주 우수한 것이다. 특히 기본에 관한 한 물 샐틈 없이 잘되어 있다. 그리고 몇 가지 점은 더러 능력이 부족하거나 아니면 형편없을 수도 있다.

세상에는 나보다 말을 잘하는 사람도 많고 글을 잘 쓰는 사람도 많고 분석을 잘하는 사람도 많고 계산을 잘하는 사람도 많고 외교력이 뛰어난 사람도 많다.

나에게 부족한 그런 능력들은 다른 사람을 통해 보충하면 된다. 그런데 내가 약속시간을 잘 못 지킨다? 이런 기본에 관한 자질은 누구에게 위임할 수가 없다. 그것만큼은 반드시 내가 갖추어야 한다.

하나를 보면 열을 아는 법. 가장 기본적인 것을 잘 지키는 사람이라면 나머지에서 좀 부족하거나 실수해도 용납이 된다. 나의 경험으로 보건대, 약속시간 15분 전에 약속 장소에 나타나는 사람 가운데 인생 안 풀리는 사람은 거의 없다. 아직 크게 풀리지 않았다 해도 그 사람의 내일은 반드시 보장된다.

요즘 직장인들은 좌불안석이다. 언제 퇴출당할지 모른다는 것이다. 그런데 예외가 있다. 인사를 진심으로 잘하는 사람, 약속시간 15분 전을 항상 지키는 사람은 어떤 조직에서도 거의 잘릴 일이 없다.

크게 성공하지 못한다 해도(그럴 리 없겠지만) 자리는 보장된다. 세상 어느 조직이나 마찬가지다. 조직은 사람이 경영하는 것이지 기계가 경영하는 것이 아니다. 인지상정의 원리가 작동한다. 만약 당신이 그 회사의 결정권자라면 그런 직원을 함부로 대하겠는가?

약속시간 15분 전은커녕 15분 후도 잘 못 지키는 사람들이 있다. 그들의 공통점은 '언제나 허겁지겁'이다. 그런 사람은 조직에서 힘을 쓰지 못한다. 한마디로 말발이 안 통한다. 기본이 안 되어 있다고 여겨지기 때문이다. 약속시간을 잘 못 지키는 사람이 회사의 높은 자리에 앉아 있다고 치자. 대개 그런 사람이 전횡을 일삼는다. 내면의 권위가 안 서니까 계급장이나 물리력에 의존하는 것이다.

약속시간 안 지키는 사람의 앞길은 정해져 있다

사람의 인식 구조는 대개 비슷하다. 하나를 보고 열을 짐작한다. 기본에 관한 한 더욱 그렇다.

어떤 사람이 있다. 계산이 빠르고 말솜씨가 좋고 일 처리도 제법 괜찮다. 그런데 약속을 잘 안 지킨다. 어딜 가도 그런 사람이 꼭 있다. 그런 사람의 현재 위치를 잘 관찰해보라. 대개 불안정하다. 오래 못 가는 경우가 많다. 일은 일대로 하면서도 단지 그것 하나 때문에 신용을 잃거나 눈 밖에 나서 공로마저 인정을 못 받고 밀려나는 경우가 많다.

일은 잘하는데 시간을 잘 못 지키는 경우, 일을 잘하는 것이 장점이 아니라 단점으로 작용하기까지 한다. 머리가 좋지만 성실하지 못하다고 보는 것이다. 그래서 그런 사람에게는 필요 때문에 일은 맡기지만 근본적인 신뢰는 안 준다.

어떤 모임에 돈도 많고 지위도 높은 사람이 있다. 그런데 꼭 약속시간에 늦는다. 모임에서 그 사람을 어떻게 바라보겠는가? 겉으로는 '회장님, 회장님' 해도 속으로는 반감을 가진다. 그런 경우에도 돈 많고 지위 높은 게 장점으로 통하는 게 아니라 때론 치명적인 약점으로 작용하기도 한다.

다들 속으로 '돈 많다고 거드름 피우는구나.' 하는 식으로 인격을 평가한다. 만약 그런 사람이 시쳇말로 끈이 떨어졌다고 치자. 그 순간 그는 눈 밖에 난다. 동정받지 못하는 것이다.

이런 사람의 경우는 어떨까? 우여곡절 끝에 사업에 실패해 돈이 없고 지위도 예전 같지 않다. 그런데 옛날부터 약속시간이라면 칼같이 지켜왔다. 그런 사람은 다들 동정하는 법이다. 회사에서도 배려의 케이스가 된다. 돈이 없으면 돈을 빌릴 수라도 있다. 당신이라면 약속시간 15분 전에 오는 사람과 15분 뒤에 오는 사람 중 어떤 사람에게 돈을 빌려주겠는가?

이 대목에서 내 이야기를 좀 하겠다. 일주일에 4~5일은 부산에서 활동하기에 부산 롯데호텔을 자주 이용하는 편이다. 그 호텔이 생길 때부터 단골이라 종업원들과는 대부분 안면이 있다. 어느 날, 지배인이 나에게 오더니 말했다.

"저는 회장님이 성공할 수밖에 없는 이유를 압니다."

"그게 뭔데요?"

"회장님은 항상 15분 전에 오십니다."

나를 속속들이 알지 못하는 호텔 지배인이 뭘 보고 판단하겠는가? 바로 약속시간이다. 한두 번도 아니고 언제나 내가 먼저 와서 손님을 기다리는 모습을 보고 자기 나름대로 그렇게 짐작하는 것이다. 약속시간 15분 전, 김영식은 언제나 약속 장소에 도착해 있다. 나이 스무 살 넘어서부터 항상 그래 왔다. 잘나갈 때도 그랬고 못 나갈 때도 그랬다.

약속시간 15분 전의 원칙은 만나는 상대가 누구냐와도 관계가 없다. 나보다 나이가 많은 사람을 만나든 어린 사람을 만나든 무조건 15분 전이다. 나보다 지위가 높은 사람을 만나든 그렇지 않은 사람을 만나든 마찬가지로 15분 전이다. 나는 직원과 약속을 해도 15분 전에 도착해서 기다린다. 그것이 나의 오늘을 만들었다.

성공하려고 일부러 그렇게 하는 것이 아니다. 아는 사람을 만나면 누구나 인사를 건네지 않는가. 가까운 사람이 어려운 일을 겪으면 위로하지 않는가. 누구에겐가 선물을 받으면 고맙다고 인사하지 않는가.

꼭 성공하기 위해서 그렇게 하는가? 그렇지 않다. 그것이 도리이기 때문에 그렇게 한다. 초보적인 예의이다. 이것을 잘 지킬 때 그 사람의 신용이 쌓이고 높은 평가를 받게 된다.

나는 약속시간 15분 전에 도착하면 먼저 화장실에 들러 손을 씻고 머리를 단정하게 매만진 뒤 거울을 본다. 약속 장소가 내 회사였을 때는 세수를 한 뒤 스킨과 로션을 바르고 머리를 빗은 다음 거울을 본다. 그리고 자리에 앉아 올 사람을 기다린다. 상대를 만날 몸과 마음의 준비를 하는 것이다. 회사에서 늘 만나는 직원인데 그렇게까지 할 필요가 있느냐, 너무 오버하는 것 아니냐 생각하지 마라. 그건 예의이고 습관이다.

나는 하루에 한 번 이상 회사 안 구석구석을 돌아다니며 직원들과 인사를 나눈다. 그럴 때는 반드시 세수한 뒤 스킨과 로션을 바르고 머리를 빗은 다음 거울을 보고 간다. 당연히 권위가 서지 않겠는가? 하물며 외부 손님을 만날 때는 더 말할 필요도 없다.

나는 속해 있는 모임이 수십 개다. 수천 명과 사귀고 있다. 그들이 다른 것은 몰라도 나를 인정해주는 한 가지가 있다. '김영식은 항상 15분 전'이라는 것이다. 그들에게 무슨 덕을 보자고 그러는 것이 아니다. 그렇게 해야 하기 때문에 그렇게 할 뿐이다. 그 점이 인정받는 것이다.

"약속시간 15분 전, 나는 어디에 있는가?"

이걸 자신에게 꼭 물어보라. 속이 뜨끔하다면 당신은 앞날이 밝은 사람이다. 그 점만 바로잡으면 당신은 만점이다. 평소에 약속시간을 잘 안 지키는 사람이 자신에게 이렇게 묻고도 아무렇지도 않다면, 그런 사람에는 약이 없다. 언젠가 비싼 수업료를 물어야 할 것이다. 이런 기본적인 것을 수업료까지 내면서 배워야 할 필요가 뭐 있겠는가.

약속시간을 바로잡자. 15분 전을 기억하자. 습관을 들이기 위해 아예 종이에 써서 수첩에 붙여 가지고 다니자. 휴대전화 액정에 '약속시간 15분 전'이라고 표시해두자.

그리고 무슨 일이 있어도 이것만은 꼭 지키자. 처음에는 고통스러울 수도 있다. 이걸 이겨내야 한다. 포기하지 말고 다음으로 미루지 말고 지금부터 꼭 지키자. 당신의 인생이 반짝반짝 빛나기 시작할 것이다.

놀라워라,
문자 메시지의 위력

실제 있었던 일이다. 어떤 젊은 새댁이 시부모 결혼기념일에 커플 휴대전화를 선물했다. 문자 메시지를 주고받는 방법도 알려줬다. 시부모는 며칠 동안 노력하더니 결국 방법을 터득해 서로 문자 메시지를 주고받기 시작했다.

그러던 어느 날 시어머니가 암으로 갑자기 돌아가셨다. 생전에 시어머니가 쓰던 휴대전화를 젊은 새댁이 유품으로 보관하게 되었다. 시어머니가 돌아가시고 한 달쯤 지나 시어머니 휴대전화로 문자 메시지가 들어왔다.

'여보, 오늘 야간조니까 어멈이랑 저녁 맛있게 드시구려.'

시아버지가 보낸 것이었다. 젊은 새댁은 깜짝 놀랐다. 시어머니가 돌아가신 충격으로 혹시 치매가 온 것은 아닐까 하고 말이다. 그런데 그날 저녁 문자 메시지가 또 들어왔다.

'여보, 날도 추운데 이불 덮고 잘 자구려. 사랑하오.'

젊은 새댁과 남편은 그 문자 메시지를 보고 눈물을 흘렸다. 남편은 아무 말도 하지 않고 좀 더 지켜보자고 했다. 그 뒤에도 시아버지는 '김 여사, 비가 와서 우산 가지고 마중 가려는데 몇 시에 갈까요? 아니지. 내가 미친 것 같소. 보고 싶네'라는 문자 메시지를 보내 왔다.

그게 시아버지가 돌아가신 시어머니 휴대전화로 보낸 마지막 문자 메시지였다. 그리고 얼마 뒤 시아버지는 젊은 새댁 휴대전화로 문자 메시지를 보냈다.

'어미야, 오늘이 월급날인데 필요한 거 있니? 있으면 문자 메시지 보내라.'

젊은 새댁은 놀란 가슴으로 '네, 아버님. 동태 두 마리만 사다 주세요.' 하고 답장을 보냈다.

그날 저녁 시아버지와 젊은 부부는 동태 매운탕으로 식사했다. 시아버지가 입을 열었다.

"아직도 네 어머니가 문을 열고 들어올 것만 같구나. 그냥 네 어머니랑 하던 대로 문제 메시지를 보낸 거란다. 답장이 안 오더라. 그제야 네 어머니가 돌아가신 걸 알았다. 모두 내가 이상해진 것 같아 내 눈치를 보며 아무 말도 못 하고 있었던 것도 안다. 미안하다."

시아버지는 더는 시어머니 휴대전화로 문자 메시지를 보내지는 않았다. 대신 며느리에게 보낸다. 며느리는 이런 식으로 답장한다.

'아버님, 빨래하려고 하는데 속옷 어디다 숨겨 두셨어요?'

이상은 '새벽편지(www.m-letter.or.kr)'라는 사이트에 실린 글의 내용이다.

자, 이만하면 문자 메시지의 위력이 얼마나 대단한지 감이 잡히지 않는가? 당신도 소중한 사람에게 문자 메시지를 보내고 싶지 않은가? 혹시 서먹하거나 전화로는 직접 말하기 뭣한 상대에게 문자 메시지로 자신의 마음을 전하고 싶지 않은가? 그렇다면 내일로 미루지 마라. 생각하면 행동으로! 지금 문자 메시지를 찍어라!

문자 메시지는 보낸 만큼 들어온다

나는 하루에 보통 100개의 문자 메시지를 받는다.

못 믿겠는가? 사실이다. 그중 70개 정도는 직원들의 보고와 애경사 및 각종 모임을 안내하는 내용이다. 나머지 20개는 안부와 격려의 문자 메시지다. 인간적인 냄새가 나는 문자 메시지인 것이다.

문자 메시지를 받을 때마다 '아, 내가 이래서 사는구나.' 하는 생각이 든다. '게을러서는 안 되겠구나.' '아직도 해야 할 일이 많구나.' '나의 도움을 필요로 하는 사람이 많구나.' '은혜를 갚아야 할 사람이 많구나.' 내 삶의 일정 부분은 문자 메시지의 힘으로 살아가는 것이다.

왜 이렇게 많은 문자 메시지를 받는 걸까? 이유는 딱 한 가지다. 그만큼 많이 보내기 때문이다. 세상에 공짜는 없다. 주면 반드시 받는다. 이건 철칙이다.

나는 해마다 새해 첫날이 되면 일출을 맞으러 나간다. 일출을 맞으면서 지인들에게 문자 메시지 2,000여 개를 발송한다. 물론 문안은 한 달 전부터 준비해둔 것이다.

2007년에 보낸 신년 문자 메시지의 내용은 다음과 같다.

'올해 이글거리는 태양처럼 한판 멋지게 질러주세요. 용광로 심장을 드리고 싶습니다. 인생이 예술이 되도록! 김영식.'

그러면 그날 내 휴대전화에는 수백 개의 문자 메시지가 터진다. 보고 난 뒤 바로 지우거나 다른 곳으로 옮겨 보관해야 한다. 해마다 그렇게 해왔다. 몇 년 만에 만난 사람이 몇 년 전에 보낸 문자 메시지를 기억하며 고맙다고 인사하는 일이 종종 있다. 어떤 사람은 그 고마움을 1년 내내 기억하고 있었다고 말하기도 한다.

문자 메시지는 특별한 날에만 보내는 것이 아니다. 정해진 때가 따로 없다. 생각나는 대로 보낸다. 떠오르는 대로 보낸다. 이것이 나의 방법이다. 장소도 상관없다. 보낼 수 있는 곳에서는 어디에서든 보낸다. 주로 내가 이용하는 곳은 승용차 안, 공항 대합실, 화장실, 식당 등이다.

문자 메시지 친구가 인생 성공의 우군이다

내 휴대전화에는 문자 메시지 친구가 800명이 등록되어 있다. 단체로 발송하는 경우도 꽤 된다. 통계를 내보았는데 내가 문자 메시지를 100개 보내면 답장이 50개는 들어온다. 반타작이다. 이 정도면 확률이 얼마나 높은가. 당신도 한번 보내보라. 100개 보내면 최소한 20개는 들어올 것이다.

간부 직원들에게는 수시로 문자 메시지를 보낸다. 매일 아침 6시면 어김없이 두 종류의 신문을 읽는다. 읽다가 떠오르는 아이디어가 있거나 좋은 기사가 발견되면 즉시 간부 25명에게 문자 메시지를 보낸다. 그러면 간부 직원들로부터 답장이 들어온다. 경험으로 보건대 답장이 들어오는 순서와 일을 잘하는 순서가 대개 일치한다. 답장을 잘하는 직원이 일도 잘하는 것이다.

나는 이렇듯 직원들과 문자 메시지를 주고받으며 '우리는 하나'라는 일체감을 공유한다. 회사가 서울과 부산에 각기 떨어져 있지만 문자 메시지가 그 거리감을 메워준다. 서로가 서로를 챙겨줘야 할 사람으로 인식한다. 이처럼 직원들과 오랫동안 문자 메시지로 교류하다 보니 들어온 문자 메시지만 보아도 현재 그 직원의 상태가 어떤지, 요즘 어떤 자세로 일하는지, 관심사가 무엇인지 대강 감이 잡힌다. 당연히 그 감은 조직 경영에 반영된다.

알고 지내는 사람은 많은데 일일이 다 만날 수는 없어서 문자 메시지의 도움을 받는다. 내가 때를 가리지 않고 문자 메시지를 보내니 상대방으로부터도 수시로 문자 메시지가 들어온다.

나쁜 내용을 보내는 사람은 단 한 사람도 없다. 다 좋은 말만 쓰여 있다. '고맙다.' '존경한다.' '사랑한다.' '보고 싶다.' '잘되길 빈다.' 등등 표현은 각기 달라도 내용은 대부분 감사와 격려로 채워진다. 몸이 좀 피로하거나 어떤 일로 감정이 침체되어 있을 때도 그런 문자 메시지를 받으면 금방 회복된다. 이 얼마나 경제적이며 효과적인 컨디션 관리법인가.

문자 메시지가 정말 중요한 이유는 목표 달성에 큰 도움을 주기 때문이다. 나는 어떤 목표가 생기면 가까운 사람들에게 문자 메시지를 보내 그것을 알리고 공유한다.

그러면 그들은 격려의 답장을 보내주기도 하고 좋은 아이디어를 제공해주기도 한다. 또 때때로 '그 일 잘되고 있습니까? 확실히 성취하리라 믿습니다.'라는 문자 메시지가 들어와 목표를 놓치지 않게 도와준다.

이렇게 효과가 좋은데 왜 문자 메시지를 보내지 않는단 말인가? 생각하면 행동으로! 내일로 미루지 마라. 지금 당장 한 사람에게라도 보내보라. 그리고 문자 메시지 보내는 것을 습관화하라. 문자 메시지 보내는 대상을 넓혀라. 100명, 200명, 500명, 1,000명 하는 식으로 당신의 문자 메시지 친구를 만들어가라. 그들이 바로 당신의 인생 성공 우군이다.

김영식의 문자 메시지 개론

- 문자 메시지는 인맥의 보고寶庫다. 누군가를 처음 만나 명함을 받았으면 돌아가는 길에 문자 메시지를 날려라. 감사와 존경의 뜻을 전하라. 그 사람은 당신을 틀림없이 기억할 것이다.
- 내 휴대전화에 찍힌 격려와 감사의 문자 메시지는 나를 깨우

쳐주고 뒤돌아보게 하며 힘을 준다. 즉 문자 메시지는 내 삶을 지탱시키는 힘이다.

- 새해 첫날, 일출을 맞으며 지인들에게 2,000여 개의 문자 메시지를 날린다. 문안은 일주일 전부터 생각해 둔 것이다. 우리는 새해 첫날 문자 메시지로 한 해의 삶을 공유하는 것이다.

- 문자 메시지는 특별한 날에만 보내는 게 아니다. 생각날 때마다 보낸다. 그것이 바로 진정한 교감이다.

- 장소도 따로 정해진 게 아니다. 아무 데서나 보낸다. 주로 내가 이용하는 곳은 승용차 안, 공항 대합실, 화장실, 식당 등이다.

- 통상적으로 문자 메시지를 주고받는 친구는 800여 명이다. 문자 메시지 덕분에 그들과의 연이 끊어지지 않는다.

- 친구가 없다면 먼저 문자 메시지를 보내보라. 100개 보내면 최소한 20개는 답장이 올 것이다. 당신은 20명의 친구와 교감하는 셈이 된다.

- 회사 간부 직원들에게 매일 문자 메시지를 보낸다. 서로 살아 있음을, 공유하는 목표가 있음을 확인한다.

- 신문을 읽다가 좋은 기사를 발견하면 바로 문자 메시지 친구들에게 알려준다. 때론 그들에게 큰 도움이 되기도 한다.

- 알고 지내는 사람을 다 만날 수는 없다. 그 공백을 문자 메시지가 채워준다.

- 하루에 열 번 감사하면 반드시 좋은 일이 생긴다. 감사를 표하는 문자 메시지를 날리자.

- 나는 사업상의 어떤 목표가 생기면 가까운 사람들에게 문자

메시지를 보내 내 목표를 알리고 공유한다.
- 하루도 쉬지 말고 아는 사람들에게 문자 메시지를 날려보라. 1년이 지나면 당신은 친구가 가장 많은 사람이 될 것이다.
- 쑥스럽게 생각하지 마라. 사람들은 당신의 문자 메시지를 기다리고 있다. 단, 기분 좋은 내용이어야 한다.
- 가족에게는 하루도 쉬지 말고 문자 메시지로 사랑을 전하라. 가족에게 보내는 문자 메시지는 곧 당신 자신이다.

문자 메시지로 마음을 공격하라

"자기야, 나 배고파서 순대 2,000원어치 사서 집에 간다. 혼자 먹으려고. 당신 혼자 맛있는 거 먹지 마!"

아내가 문자 메시지를 배운 지 얼마 안 되었을 때다. 저녁 모임이 있어서 가고 있는데 아내에게서 문자가 들어왔다.

사업상의 약속이긴 했지만 아내가 이런 문자를 보내는데 차마 발걸음이 떼어지지 않아 차를 돌려 집으로 헐레벌떡 돌아왔다. 그런데 정작 아내는 아무렇지 않게 "일찍 들어왔네." 하고는 주방으로 간다.

1인분짜리 순대를 같이 먹으며 자초지종을 얘기하고는 한바탕 웃었다. 아내가 문자 보내는 방법을 처음 익혀서 재미삼아 보낸 것에 제대로 낚인 것이다. 그날 짧고 깜찍한 문자 메시지 하나로 우리는 기대 이상(?)의 효과를 얻을 수 있었다.

문자 메시지는 그만큼 중요하고 때에 따라서는 아주 유용하다. 전화로는 직접 하기 어려운 말도 문자 메시지를 통해서 유연하게 돌려 말할 수 있다. 또 재치 있고 적재적소한 문자 메시지로 상대방의 마음을 내 쪽으로 돌려놓을 수도 있다. 뜬금없지만 한참을 생각하게 하는 문자 메시지도 있다.

"늘 그대를 그리워하고 있는지를…… 그대는 아는지……."

특별한 용건이 담긴 것은 아니지만 보낸 사람을 가끔 떠올리게 하는 기억에 남는 문자 메시지다.

문자 메시지는 예상외로 힘이 세기 때문에 보낼 때 특히 신경을 써야 한다. 짧고 함축적이기 때문에 더욱 섬세하고 사려 깊어야 한다. 실제로 진심을 담은 문자 메시지가 비즈니스에 결정적인 영향을 미친 일은 아주 많다.

받는 사람은 다 안다. 성의 없이 보낸 문자는 그 사람의 전화번호까지 삭제하게 할 수 있다는 것을 기억하라. 문자 메시지를 보낼 때는 꼭 한 번 더 꼼꼼히 확인하고 전송 버튼을 눌러야 한다.

일기가
당신의 인생을 바꾼다

10년간 일기를 쓰면 성공한다고 한다. 그런데 나는 이렇게 말해 주고 싶다.

'일기를 6개월만 써도 인생 성공한다!'

일기를 10년간 쓰라고 하면 다들 포기할 것이다. 사실 정말 어려운 일이다. 한 달 쓰기도 어려운 일기, 어떻게 10년간 쓰겠는가. 그러니 6개월만 써보라. 인생의 지도가 달라진다. 6개월을 목표로 일기 쓰기에 성공하면 그 사람은 10년 일기 쓰기에도 성공할 수 있다.

나는 1998년 2월 10일부터 일기를 썼다. 일기로부터 받은 도움은 말로 다 표현할 수가 없다. 엄청난 것이었다.

지금도 그때 쓴 일기들을 그대로 가지고 있다. 간절하고 뜨거웠던 순간들의 기록이다. 그 기록들을 보노라면 지금도 가슴에서 피가 끓는다. 뭔가 막 하고 싶어지는 것이다.

처음 1년 동안은 거의 매일 썼다. 지금은 다소 띄엄띄엄 쓴다. 아무래도 그때만큼 절실함이 없기 때문인 것 같다. 이 글을 쓰고 있자니 앞으로 일기를 빼먹지 말고 써야겠구나 하는 다짐이 생긴다.

그때 일기를 쓰기로 결심한 이유는 잘 생각나지 않는다. 누구라도 그렇듯이 나도 뭔가에 골몰할 때는 종이를 펴놓고 생각나는 것들을 끼적이곤 했다. 그러다 보면 어떤 해결책이 전광석화처럼 떠오르곤 했다. 그런데 이것을 아예 일기 쓰기로 습관화하니까 생산력이 비약적으로 발전했다. 그리고 미해결 과제라든가 중요한 아이디어 같은 것들을 기록으로 남겨두고 자꾸 보다 보니 어느 순간 그것들이 단서가 되어 사업상의 중대한 일보 전진을 이루곤 했다.

또한 일기에 그날그날의 판매 실적을 적어두었다. 이것이 큰 도움이 되었다. 하루하루 늘어가는 실적에 크게 고무되고 성장세를 가늠하면서 사업을 진행할 수 있었다. 얼마나 정성껏 기록했는지, 지금도 당시의 주요 매출 현황을 환히 꿰뚫을 정도다.

내가 그동안 쓴 일기 가운데 몇 개를 공개한다. 차마 소개할 수 없는 부분들(그때의 심정들)은 중간마다 삭제했으니 양해바란다.

1998년 2월 10일, 택시 기사에게 전단을 돌려보자

지금 6시 15분 부산공항이다. IMF라서 그런지 아침 7시 비행기에 빈 좌석이 많다. 나처럼 서울 왕래가 잦은 사람은 좋지만 대한항공은 적자 운영일 것이다. 아침에 대문을 나서는데 아내가 걱정

스러운 눈초리로 나를 바라봤다. 어깨를 더 펴자! 그리고 힘차게 걷자! 내가 왜 이렇게 되었는지……. 한심한 노릇이다. 오늘 '조선일보'에 두 줄짜리 광고가 나간다. 대리점이 한 군데라도 개설되었으면 좋겠다. 국민통상으로 쑥 200박스가 외상 출고된다. 정말 잘되었으면 좋겠다. 한민 이경삼 사장이 고맙다. 택시 기사에게 전단을 돌려보자.

1998년 2월 11일, 내가 병원에 못 가는 이유

아침 8시 25분에 전철을 탔다. 오른쪽 옆구리가 쑤시고 많이 아프다. 간암인가? 간경화인가? 아니면 지방간인가? 별별 생각이 뇌리를 스친다. 병원에 가봐야 하는데 못 가는 이유가 뭘까? 돈이 없어서? 큰 병이라는 진단이 나오면 이 모든 것이 수포로 돌아가기 때문이다. 내가 내 입으로 '건강이 최고다!'라고 말하면서 명색이 건강식품 회사 오너이면서 실제로는 그렇게 못하고 있으니…….

돈의 위력은 대단하다! 나는 능력과 순발력이 분명히 있다. 그리고 모든 일에 최선을 다한다. 오늘부터 더욱더 열심히 해보자. 씨를 뿌리는데 열매가 안 열릴 수 있나. 고 대리가 주문을 세 박스 받았다. 오후에 다시 한 박스 추가했다. 이○○ 씨가 내일 만나자고 하는데 1,000만 원 정도밖에 안 되겠다고 한다. 돈○○ 씨, 황○○ 씨 등 몇 분이 찾아와 힘을 주고 갔다.

집에 생활비를 송금하지 못해 미안하다. 개인택시에 전단 돌리는 아이디어가 다들 좋다고 하는데 어떻게 결론이 날지 모르겠다.

1998년 2월 16일, 빚을 갚으려면 뭉칫돈을 만들어야 한다

오늘 대리점 문의를 위해 서너 명이 다녀갔고 영업 사원을 지원하기 위해 예닐곱 명이 다녀갔다. 사무실이 너무 작아 다들 실망하는 눈치다.

여관으로 옮겼다. 서초동 ○○빌딩에서 잔금을 받았다. 악질이다. 조금 늦게 받았으면 부도가 날 뻔했다. 오늘은 사무실에서 일곱 박스가 출고되었다. 아내에게서 전화가 왔다. 건강 조심하라고. 눈물이 나는 것을 억지로 참았다. 제일은행에서 계속 이자 독촉이다. 불안하다. 수요일에 들르겠다고 했다. 이야기를 잘 해봐야겠다. 이번 일요일에도 집에 갈 수가 없다. 싼 광고라도 내서 빨리 뭉칫돈을 만들어야 한다. 방법을 찾아보자. 분명히 있을 것이다.

1998년 2월 20일,
간신히 어음을 막았다고 전화가 왔다

술은 마취제였다. 술을 많이 마셔 잠을 푹 잘 수 있었다. 과거를 잊어버려야 한다고 생각하지만 쉽게 잊을 수가 없다. 어제 '동아일보'와 '중앙일보' 광고는 별 반응이 없다. 이번 주에 1~2명은 대리점 계약이 될 줄 알았는데…….

어음을 간신히 막았다고 상무가 전화를 했다. 오후 늦게 투자자 광고를 보고 목사 한 분이 찾아오셨다. 아이디어를 짜내자. 사무실에 사람이 많이 오도록 만들자. 초능력자가 되자. 계속 생각하고 행동으로 옮기면 못할 것이 없다.

이상의 일기들을 보면 의지는 높았지만 상황은 간단치 않고 사태의 반전 기미가 별로 없었음을 알 수 있다. 이제 1998년 12월의 일기를 보자. 희망이 묻어나고 있음을 확인할 수 있다.

1998년 12월 11일,
내년에는 빚을 다 갚을 수 있겠다

제주도 대리점을 방문했다. 서울에서 부산 공장에 1,500만 원을 송금했다. 모처럼 큰돈을 보냈다. 지금 비행기 안에서 일기를 쓰고 있다. 요즘은 부산도 서울도 다 좋다. 이렇게만 나가면 내년에는 빚을 다 갚을 수 있다. 열심히 하자.

Rush Again!

지금 펜을 들어라!
내일로 미루지 말고 오늘 당장 일기를 쓰자. 그럴싸한 일기장 필요 없다. 1,000~2,000원짜리 수첩이면 충분하다. 장담하건대 고급 일기장 사면 쓰다가 중단하기 십상이다. 막 쓸 수 있는 기자 수첩 같은 것이 좋다. 글씨도 예쁘게 쓸 필요가 없다. 평소 쓰던 글씨 그대로 써라. 이렇게 소박하게 시작해야 오랫동안 일기를 쓸 수 있다. 아마 작심삼일이 될지도 모른다. 작심삼일을 1년에 50번만 반복해 보라. 그러면 일기를 150일은 쓸 수 있다. 작심삼일이 될지라도 지금 펜을 들어라!

전화번호와
명함은 이렇게!

당신은 수시로 전화번호를 바꾸는 사람을 신뢰할 수 있는가? 전화번호를 자주 바꾸는 회사를 믿을 수 있겠는가? 전화번호는 당신의 간판이다. 당신의 성품과 스타일을 드러내는 상징이다. 전화번호는 바꾸지 말자. 끝까지 가지고 가자!

전화번호, 절대 바꾸지 마라

무슨 기분 전환이라도 하려는 양 전화번호를 수시로 바꾸고 연락을 취하는 사람들이 있다. 물론 살다 보면 전화번호를 바꿀 수도 있다. 그러나 전화번호 바꾸는 것을 너무 사소하게 생각한다면 문제가 있다.

더구나 회사가 전화번호를 바꾼다면 이건 문제가 심각하다. 그런 회사는 믿기가 곤란하다. 전화번호를 바꾸면 상대방이 불편해진다. 내 전화번호를 알고 있는 사람들은 회사로 말하자면 고객들이다. 전화번호를 바꾸는 것은 그 고객들의 뇌리에서 자신을 제거하는 것이나 다름없다.

나는 지난 24년 동안 회사 전화번호를 한 번도 바꾸지 않았다. 휴대전화 역시 처음 산 이래 지금까지 같은 번호다. 사업을 시작한 뒤로 부침이 많았지만 전화번호만큼은 부침이 없었다. 나는 어딜 가든 자랑스럽게 말한다.

"24년 동안 전화번호를 한 번도 안 바꾼 회사이니만큼 믿어도 좋습니다."

전화번호를 바꾸고 싶은 유혹이 왜 없겠는가. 전화번호가 자기하고 안 맞아 재수가 없어 장사가 잘 안 되는 건 아닐까 생각하고 전화번호를 바꾸기도 한다.

바로 그 마음이 문제다. 전화번호가 자기와 맞고 안 맞고가 어디 있겠는가. 전화번호로 하는 장사라면 예외가 될 수도 있겠다. 어느 대리 운전 회사 전화번호는 8개의 숫자가 똑같다. 전화번호 덕분에 사업이 무척 잘된다고 한다. 그런 경우라면 몰라도 전화번호를 바꿔서는 안 된다. 더구나 회사라면 절대 금물이다. 신용이 떨어지기 때문이다 .

따라서 전화번호는 처음 만들 때 잘 만들어야 한다. 절묘한 상징이면 더욱 좋겠다. 우리 회사 전화번호는 서울과 부산 모두 끝 번호가 '1005'다. 천호식품의 '천호'를 의미하는 숫자다. 24년 동안 한 번도 안 바꾼 번호다.

그래서 앞에서 소개한 것처럼 10년 전 밀린 세금 내라고 독촉 전화가 왔을 때도 "사업한 지 14년 됐는데, 그동안 전화번호 한 번도 안 바꿨어요. 그런 사람이 세금 떼먹는 거 봤습니까? 기다리세요." 말할 수 있었다.

전화번호를 바꾸고 돈을 떼먹는 사람들도 간혹 있다. 빚쟁이들한테 시달릴 때 전화번호를 안 바꾸고 또 걸려오는 전화를 피하지 않는 것은 '나는 당신 돈을 떼먹지 않겠습니다'라고 증언하는 것과 같다.

말로 하는 것보다 훨씬 더 효과적이다. 그걸 보고 사람들은 믿어 주는 것이다.

절대 전화번호 바꾸지 말자!

명함은 당신 자신이다

당신이 없는 자리에서 당신의 얼굴 역할을 하는 명함. 그 명함에 당신의 컬러를 담아보라. 당신의 가치관, 당신의 사명을 명함에 집어넣어라. 상당히 돋보일 것이다.

뿐만 아니라 '나는 이런 사람이다.' 하고 스스로 선언함으로써 당신 자신에게 주는 심리적 자극 효과가 대단하다. 명함이 인생의 나침반이 되는 것이다.

내 명함에는 이름, 회사명, 직함, 연락처 외에 나의 사명과 철학이 표시되어 있다. 바로 '대한민국 부자 만들기'와 '생각하면 행동으로!'라는 문구다.

'대한민국 부자 만들기'라는 문구 옆에는 태극기를 달아놓았다. 이건 실제 내 사명이다. 다소 과장으로 느껴질 수 있으나 그것은 나의 진정이다. 대한민국 부자 만들기에 내가 얼마나 기여할지는 모르겠다. 얼마가 됐든 나는 조국을 부자로 만들기 위해 앞으로 계속 노력할 것이다.

'생각하면 행동으로!'는 나의 인생 슬로건이자 생활 지침이다. 지금까지 살면서 그렇게 해왔다. 생각하면 바로 행동으로 옮겼다. 그래서 실패도 많이 했다. 그러나 실보다는 득이 훨씬 컸다.

회사에서도 마찬가지다. 서울에서 일을 지시한 뒤 비행기 타고 부산에 도착하면 바로 확인한다. 물론 무리인 경우가 많다. 그 시간 안에 해내지 못할 일들이다. 하지만 확인하는 데 의미가 있다. 확인 과정을 통해 일의 흐름을 조절할 수 있고 마감을 정확하게 지킬 수 있다.

직원들에게만 그렇게 하는 것이 아니다. 나 자신부터가 '생각하면 행동으로!'이다. 생각나면 전화한다. 보고 싶은 사람 얼굴이 떠오르면 지체하지 않고 그 자리에서 바로 전화를 한다.

어떤 아이디어가 떠오르면 뒤로 미루지 않는다. 그 자리에서 바로 실행에 옮긴다. 내가 할 수 있는 일은 내가 하고 간부들에게 위임할 일은 위임한다. 나의 그런 생활 지침을 명함에 써넣은 것이다.

한번은 이런 일이 있었다. 김포공항에 내려서 걸어가는데 뒤에서 누가 나를 불러 세웠다.

"천호식품 김영식 회장님 맞으시죠?"

"네, 그렇습니다."

내 대답이 끝나자마자 그가 주머니에서 뭔가를 꺼내며 말했다.

"저는 서울에 출장을 올 때는 꼭 이것을 가지고 옵니다."

그가 내민 것은 다름 아닌 우리 회사 제품 '통마늘진액'이었다.

나는 "아이고, 고객님 감사합니다." 하고 고개를 숙여 감사를 표시했다. 반갑기도 하고 고맙기도 해서 가는 길을 물어보니 나와 비슷한 노선이어서 내 차로 함께 가자고 했다.

그는 부산에서 내 강연을 듣고 난 뒤 생각이 바뀌었다고 한다. 그래서 일이 술술 잘 풀리게 되었는데 식사 한번 하는 게 소원이었단다. 내가 무슨 대통령도 아니고 스타 연예인도 아닌데 소원이라고까지 말하자 황송한 마음이 들어 그 길로 함께 식사하러 갔다.

식사하면서 이런저런 얘기를 나누던 중에 그가 불쑥 무언가를 꺼냈다. 바로 내 명함의 복사본이었다. 왜 복사본을 들고 다니느냐 물었더니 원본은 잃어버릴까봐 책상에 보관해 두었다고 했다. 내 강의를 듣고 내 명함을 받고 난 뒤부터 말 그대로 '생각하면 행동으로!'를 실천했는데 사업이 무척 잘되었다고 한다.

다시 한 번 명함의 효력을 실감했다. 그리고 명함에 써진 것에 어긋남이 없도록 더욱 노력해야겠다고 다짐했다.

Rush Again!

1년 후, 5년 후, 10년 후의 명함을 만들어라.

회사명, 직위, 성명, 연락처 등이 전부인 천편일률적인 명함 대신 당신의 가치를 담은 명함을 가지고 다녀라. 명함은 나를 알릴 수 있는 가장 효과적인 도구인 동시에 나 자신에게 인생의 사명과 당면한 목표를 확실하게 해주는 훌륭한 도구다. 왜 꼭 현재의 명함만 가지고 다니는가? 당신 미래의 명함, 가령 1년 뒤의 명함, 5년 뒤의 명함을 만들어 가지고 다니자. 명함 속에 목표를 새겨 넣자.

할 말 못해 답답한 마음 풀어내는
3가지 방법

살다 보면 뜻하지 않게 구설에 오르거나 억울하게 뒤집어쓸 때가 있다. 게다가 하소연할 데도 없다면 답답하게 마련이다. 자기를 비난한 상대에게 대놓고 이야기하자니 그 사람과 사이가 틀어질 것 같고 말을 안 하자니 그만 화병이 날 것 같고.

그럴 때 당신은 어떻게 하는가?

첫째, 강아지와 대화를 해보라

혹시 개하고 대화를 나눠본 적이 있는가? 집에서 키우는 개하고 말이다.

나는 누군가에게 말을 할 수가 없어 답답할 때는 심지어 함께 사는 아내에게조차 털어놓고 말을 할 수 없을 때 강아지를 부른다. 그리고 강아지와 함께 간식을 먹으면서 중얼중얼 이야기한 적이 한두 번이 아니다.

강아지는 내 말을 들어주기만 할 뿐 결코 반박하는 법이 없다. 사람은 비밀을 지키지 못하지만 강아지는 비밀을 지켜준다. 강아지와 대화를 해보라. 거기에는 반박의 메아리가 없다.

우리 집에 '뽀야'라는 강아지가 있다. 여덟 살 된 말티즈 종이다. 침대에서 같이 잘 정도로 우린 서로 친하다. 이 녀석이 얼마나 영리한지 내 출장 기간을 정확히 파악할 정도다.

반갑다고 짖는 시간이 출장 시간에 따라 조금씩 차이가 난다. 하루를 다녀오면 15초 정도, 3일을 다녀오면 30초 정도 짖는다. 5일 정도 출장을 다녀오면 1분 이상 짖어댄다.

뽀야만큼 내 말을 잘 들어주는 친구도 없다. 아무리 가까운 사람이라도 할 수 없는 말이 있다. 말을 들어주다가 짜증을 내기도 한다. 단지 하소연만 들어주면 좋을 텐데 그것을 해주는 사람이 많지 않다. 또한 그들이 비밀을 지켜준다는 보장도 없다.

그러나 강아지는 다르다. 우리 집 뽀야는 내 이야기를 아무런 조건 없이 묵묵히 들어준다. 고개를 오른쪽 왼쪽으로 갸우뚱거리면서도 끝까지 들어준다.

나는 뽀야를 친구로 여기고 내 답답한 심사와 감정을 털어놓곤 했다. 그러다 보면 어느새 마음이 정화되고 문제 해결의 아이디어가 번뜩 떠오르기도 했다.

지금 당장 누군가에게 하소연하고 싶은데 그럴 사람이 없다면,

다행히 집에 강아지가 있다면 한번 그렇게 해보라.

마음의 앙금이 가라앉고 차분히 정화되는 기분을 느낄 수 있을 것이다.

■■
둘째, 택시 기사에게 실컷 털어놓아라

사업하면서 험한 소리를 듣고도 막상 상대에게 아무 말도 할 수 없는 경우를 숱하게 겪었다. 그것을 참고 속에 담아두면 화병이 된다.

당시에는 느낄 수 없을지 몰라도 그 경험은 뒷날 반드시 자신에게 해를 끼친다. 때로는 그 기억이 평생을 가기도 한다. 죽을 때까지 원한을 풀지 못하는 때도 있다. 화가 생기고 악감정이 떠오르면 그때그때 털어버려야 한다. 나는 그런 것을 절대 담아두지 않는다. 마음속에 원한과 악감정이 축적되면 사람은 한 발짝도 앞으로 나아갈 수 없다.

방을 청소하고 사무실을 정리하듯이 하루에 한 번씩 마음에 낀 독소를 청소해야 한다. 그렇게 하지 않으면 그 독소 때문에 마음이 일그러진다. 일그러진 마음은 어느 순간엔가 타인에게 전달되며 다시 독화살이 되어 내게 날아온다. 결국 마음속에 묻어둔 나쁜 감정은 내 인생을 방해하고 암과 같은 큰 병의 직접적 원인이 되기도 한다.

최근 몸 안의 독을 정화하는 이른바 '디톡스detox 요법'이 유행이다. 영양을 보충하는 것보다도 체내의 독소를 밖으로 빼내는 것이 건강에 훨씬 이롭다는 것이다. 나는 '마음의 디톡스'가 육체의 독소 정화보다 더 중요하다고 생각한다.

아주 효과적인 마음의 디톡스 요법이 있다. 하고 싶은 이야기를 실컷 하는 것이다. 심한 말이나 욕지거리도 좋다. 아무튼 내 마음 밖으로 내보내야 한다. 그런데 이걸 당사자에게 직접 하면 그보다 더한 독화살로 되돌아와 내 마음에 꽂히게 된다. 그래서 상대에게 직접 하는 것은 결코 현명한 일이 아니다.

나는 누구에겐가 나쁜 감정이 생기면 곧잘 택시를 잡아탄다. 그리고 기사에게 부탁한다. 요금을 두 배로 지불할 테니 바닷가 쪽으로 가면서 내 이야기를 좀 들어달라고. 그러고는 내 이름이나 회사를 밝히지 않은 채 하고 싶은 이야기를 택시 기사에게 실컷 한다. 택시 기사는 손님이 하는 이야기이니 잘 들어주면서 내 편이 되어 맞장구까지 쳐준다. 20~30분 가다 보면 둘이 죽이 잘 맞아 어느새 친구라도 된 듯 서로 자기 이야기를 털어놓게 된다.

동병상련의 마음으로 이야기를 주고받는 이 대화에는 당사자가 개입되지 않기 때문에 독화살이 날아올 리가 없다. 속이 다 후련해진다.

택시 기사도 좋아한다. 할 이야기 다 끝내고 내리면 한결 맑아진 내 마음을 보게 된다. 그것이 내일 살아갈 밑천이 된다. 돈이 하나도 아깝지 않다. 술값이나 병원비보다도 훨씬 저렴하다. 매우 경제적인 방법이다.

셋째, 당신의 감정을 종이에 적어라

마음의 독소 제거에 좋은 또 한 가지 방법이 있다. 분한 생각, 억울한 사연, 누군가를 향한 나쁜 감정이 있다면 백지를 꺼내놓고 있는 그대로 솔직하게 기록하는 것이다. 아무런 목적이나 계산 없이 그저 떠오르는 감정을 종이에 털어놓는 것이다.

한참 쓰다 보면 어느덧 마음이 정리되어 있다. 속에 있는 좋지 않은 감정을 글로 풀어내는 것은 자신의 감정을 객관화시키는 좋은 방법이다. 그렇게 하다 보면 감정의 실체를 냉정하게 바라볼 수 있다.

다시 말해 나만의 입장이 아닌 쌍방의 입장에서 상황을 바라보게 되고 내 쪽의 문제점도 드러나게 되는 것이다. 그러면 사태를 이성적으로 판단할 수 있고 문제 해결의 답을 찾을 수도 있다. 이처럼 나쁜 감정을 글로 풀어가다 보면 감정의 강도가 약해지고 서로에게 좋은 쪽으로 표현이 순화되는 법이다.

쓸 만큼 다 써서 속이 후련해졌으면 이젠 그 종이를 구겨서 불로 태워버린다. 그러면서 "나는 이제 모든 것을 다 잊었습니다. 그 사람을 용서합니다. 나를 용서합니다." 하고 말을 한다.

불로 태우는 순간 나를 괴롭혔던 악감정과 완전히 결별하는 것이다. 그러면 그 비워진 자리가 좋은 영감으로 채워진다. 우리는 그 힘으로 더 좋은 인생을 개척하는 것이다.

나는 수첩이 수십 권 있다. 새 수첩이 아니라 이미 다 채워진 수첩이다. 중요한 내 재산이요, 자랑거리다. 수첩에는 그날그날의 생활

이야기와 타인과 나눈 대화 그리고 나의 감정이 솔직하게 기록되어 있다. 그것 중에서 몇 개씩 골라 내가 운영하는 뚝심카페에 올리기도 한다. 회원들 반응이 아주 좋다. 가끔 예전에 겪은 것과 비슷한 일을 당하면 수첩을 꺼내보기도 한다. '그때 내가 나를 이렇게 다스렸구나.' '문제를 이렇게 풀어 갔구나.' 하면서 해답을 얻는다.

왼쪽 뺨을 맞았을 때 진심으로 오른쪽 뺨까지 내어주기란 보통 사람으로선 거의 불가능에 가까운 일이다. 그러나 비록 왼쪽 뺨을 맞았지만, 상대의 뺨을 때리지 않고도 나를 편하게 하는 방법은 얼마든지 있다. 사실 따지고 보면 우리는 살아가면서 뺨을 맞는 경우가 한두 번이 아니다. 그럴 때마다 상대의 따귀를 날린다면 내가 병들어 못 살게 된다.

그럴 때는 글을 써보라. 낯모르는 누군가에게 털어놓아 보라. 그것도 저것도 힘들다면 개를 붙잡고라도 하소연하라. 그렇게 해서 독한 마음을 깨끗이 비워내고 그 자리에 내일의 꿈을 담자. 그러면 인생의 성공을 거머쥐게 된다.

Rush Again!

세상의 많은 사람이 자신의 이야기를 들어줄 사람을 구하지 못해 정신과 의사를 찾아간다.

말은
당신 자신이다

　인간은 말의 지배를 받는 동물이다. 성공하는 사람은 하는 말부터 다르다. 그들의 말은 언제나 확신에 차 있고 긍정과 낙관으로 가득하다. 성공했기에 말이 달라진 것이 아니다. 말이 다르기에 성공한 것이다.

　성공하지 못한 사람들을 보라. 성공할 기미가 없는 사람들을 보라. 말에 자신이 없고 부정과 비관으로 가득 차 있다. 그리고 늘 남을 탓하고 남을 욕한다.

　성공하려면 성공한 사람들의 '말하는 법'을 훔쳐야 한다. 그들이 사용하는 어휘, 말투, 제스처, 말에 깃든 확신 등을 훔쳐라.

　기억하라, 당신의 말은 바로 당신 자신이다!

"파이팅!" 하고 힘껏 소리를 질러라

말에는 주술 효과가 있다. 즉 말을 하면 말한 대로 실현되려는 기운이 생긴다. 이것이 말이 지닌 자기 암시성이다.

인간의 뇌세포는 98퍼센트가 말의 지배를 받는다고 한다. 그래서 말에는 행동을 유발하는 힘이 있다. 말을 하면 그 말이 뇌에 박히고 뇌는 척수를 지배하며 척수는 행동을 지배한다. 내가 말하는 것이 뇌에 전달되어 행동을 이끄는 것이다. 할 수 있다고 말하면 할 수 있게 되고 할 수 없다고 말하면 할 수 없게 된다.

말의 효과를 제대로 보기 위해서는 반드시 입 밖으로 발음해야 한다. 머릿속으로 혼자서 '할 수 있다!'고 외쳐서는 별반 효과가 없다. 직접 입으로 소리 내어 말해야만 한다. 그냥 말하기보다는 소리를 지르면 더 좋다. 소리를 지르는 데는 방보다는 마당이 효과적이고 마당보다는 산이 더욱 효과적이다.

사업이 잘 안 되거나 일이 안 풀릴 때 "파이팅!" 하고 외치는 것만큼 좋은 것도 없다. 혼자서 해도 좋고 여럿이 해도 좋다. 그러나 속으로 백 번 천 번 외쳐봐야 말짱 도루묵이다. 소리를 내야 한다. "파이팅!" 하고 크게 소리를 지르면, 그 소리가 뇌로 전달되어 행동으로 연결되는 것이다. 힘들다면 "파이팅!" 하고 힘차게 외쳐라. 마구 외쳐라! 그러면 기분부터 달라질 것이다.

말 한마디로 천 냥 빚을 갚는다고 했다. 내 경험에 의하면 말의 효과는 그 이상이다. 말 한마디가 정말 기적을 낳는다. 말에는 예언적인 힘이 있다.

어떤 사원에게 칭찬을 많이 해주면 정말 유능한 사원이 된다. 그러나 안 좋은 소리를 많이 하면, 일 잘하는 직원도 어느새 바보가 되어버린다. 말 한마디가 유능한 사원을 만들기도 하고 무능한 사원을 만들기도 한다. 자기 자신에게도 마찬가지다. 무슨 일에서든 "할 수 있다!" 하고 외치는 순간, 성공은 눈앞으로 성큼 다가온다.

나는 사업이 힘들어질 때마다 스스로 이렇게 외쳤다.

"영식아, 너는 할 수 있다!"

그런데 신기했다. 이렇게 외치면 목표가 명확해졌고 그것을 이루겠다는 의지로 충만해졌다. 나는 힘들 때면 이따금 공장에 들렀다. 직원들이 모두 퇴근한 공장 안에서 미친 사람처럼 고함을 질렀다.

"기계야, 내가 돌아왔다! 영식이가 돌아왔다! 그동안 열심히 돌아가줘서 고맙다! 앞으로도 더 신나게 돌아가게 해 주겠다!"

그렇게 고래고래 소리를 지르다 보면 힘들다는 생각이 온데간데 없이 사라졌다. 오히려 가슴으로부터 새로운 자신감이 생겨나는 느낌이었다.

당시 그런 내 모습을 누군가 보았다면 '혹시 머리가 돈 게 아닐까?' 생각했을지도 모른다. 그러나 나는 장난이 아니었다. 고함을 지르는 순간에도 진지했고 열심이었다. 어떤 날에는 기계가 대답하는 소리가 들리는 것도 같았다.

"주인장! 고장 안 나게 돌아갈 테니 상품 많이 판매하시오! 당신은 성공할 수 있소!"

그렇게 외치고 나면 더욱더 일에 몰두할 수 있었다.

한번은 이런 일도 있었다.

내 본업인 건강식품 사업을 시작하기 전 영업 조직을 거느리고 저주파 치료기 판매를 한 적이 있다. 아무리 노력해도 소비자들이 관심을 기울여주지 않았다. 새벽부터 밤늦게까지 영업 사원들을 태우고 경상남도 지역을 샅샅이 훑고 다녀도 도무지 판매되지 않았다. 영업팀 한 팀이 하루에 한 대 팔기도 벅찼다.

저주파 치료기는 낮은 주파를 이용하여 치료하는데 주파수를 올리면 '조아주는' 느낌이 든다. 너무 판매가 안 되자 문득 표현이나 바꿔보자는 생각이 들었다. 나는 영업 사원을 모두 집합시킨 뒤 말했다.

"표현을 바꿔라. '조아준다'가 아니라 '짜내준다'로 말이야."

그런데 그 말 한마디가 판도를 바꿔놓았다. 말 한마디 바꾸었을 뿐인데, 영업 사원들이 "열 대 팔았습니다." "열다섯 대 팔았습니다." 보고하기 시작했다. '저주파 치료기가 몸 안에 있는 나쁜 것을 뽑아내 준다'는 뜻으로 말했던 것이다. 말하자면 강력한 임팩트가 있어서 소비자들의 뇌리에 콱콱 박힌 것이다.

말 한마디 바꾼 것만으로 매출이 스무 배 이상 올랐다. 그 뒤로 나는 언제나 말 한마디에도 신경을 쓰곤 한다. 말은 한 사업의 성패를 바꾸고 나아가 한 사람의 운명까지 바꾸기도 한다. 말 한마디가 천 냥 빚을 갚는 것이 아니라 인생의 성패를 좌우하는 것이다.

"별로예요"와 "환상적입니다"의 차이

말은 자신의 현재 상태를 분석하는 데도 아주 유용하다. 내가 자주 쓰는 말이 무엇인지부터 한번 살펴보자.

그러면 그 말을 통해 현재 자신의 상태가 어떤지 드러난다. 자신이 얼마나 긍정적인지 아니면 부정적인지, 목표에 전념하고 있는지 아니면 아무렇게 사는지 등등.

"요즘 어떠십니까?" 하고 물어보기만 해도 그 사람의 상태가 드러난다. "별로예요." "피곤해 죽을 지경입니다." "묻지 마세요." 말하는 사람들은 부정적인 사람들이다. "그저 그렇습니다." "대충 돌아갑니다." "거기서 거깁니다." 말하는 사람들은 그저 평범한 사람들이다.

한편 "죽여줍니다!" "환상적입니다!" "좋습니다!" "끝내줍니다!" "아주 잘 돌아갑니다!" 긍정적으로 대답하는 사람들이 있다.

한번 생각해보자. 과연 어떤 유형의 사람들이 성공할까? 물어보나 마나다. 그렇다면 당신은 어떤 유형인가? 평소 말을 어떻게 하는가? 당신의 말 속에는 비관이 들어 있는가, 낙관이 들어 있는가? 당신의 말은 체념을 대변하는가, 기필코 싸워 이기겠다는 불타는 전의를 대변하는가?

말은 그 사람의 모든 것을 말해준다. 말을 즐겁고 긍정적으로 하면 마음도 그렇게 되지만, 반대로 마음이 즐겁고 긍정적이면 말도 그렇게 나온다.

말은 단지 나 혼자만 좋기 위한 것이 아니다. 나와 관계한 모든 사람을 즐겁게 하고 긍정적으로 바꾸는 것이다. 그러기 위해서라면 나부터 항상 긍정적이고 활기찬 언어 습관을 들여야만 한다. 말 한 마디, 정겨운 인사 한 마디가 하루의 성패를 좌우하고 결국 인생의 성패까지 좌우할 수 있다. 성공하고 싶은 사람은 먼저 말부터 바꿔야 한다.

지금도 나는 일이 잘 안 될 때 의식적으로 "할 수 있다"고 말한다.

그것도 모자라 아침에 산으로 올라가 소리를 지른다. 그러면 내 안에서 다시 용기와 뚝심이 생겨나는 것을 느낄 수 있다. 이 방법을 쓰면 누구든지 금방 효과를 볼 수 있다. 생각한 바가 있고 목표가 있다면 반드시 말로 해 보자. 자신감이 떨어지면 소리를 질러보자. 그러면 금방 아랫배에서 가슴으로 그리고 머리로 새록새록 자신감과 뚝심이 차오르는 경험을 할 수 있을 것이다.

그러나 '다음부터, 1월 1일부터 산에 올라가 소리를 질러보자!' 한다면 곤란하다. 지금 당장 실천하는 게 중요하다. 생각하면 바로 실천하는 사람만이 성공할 수 있다. 지금 힘들고 어려운 상황에 처해 있다면 당장 산으로 올라가라! 그리고 큰 소리를 이렇게 외쳐보자!

"나는 할 수 있다!"

"나는 할 수 있다!"

"나는 할 수 있다!"

Rush Again!

승진하고 싶은가? 그렇다면 산에 올라가서 상사의 이름을 불러라. "사장님 감사합니다. 사장님 믿습니다. 사장님 사랑합니다." 상사는 틀림없이 당신의 목소리를 듣게 된다. 한 번 실험해 보라. 아침에 일어나 사이가 나쁜 상사의 이름을 부르고 감사의 메시지를 전한 다음 사무실에 가서 만나보라. 그리고 상사의 태도가 어떻게 달라졌는지 한번 확인해 보라. 단, 스무 차례 이상 계속할 것!

이렇게 하면
돈이 들어온다

얼마나 많은 사람이 돈 때문에 고통당하고 있는가! 몇십만 원이 없어 자식을 병원에 보내지 못하고 몇백만 원이 없어 대학을 포기하는 사람이 얼마나 많은가. 나도 그런 사람 가운데 한 사람이었다.

돈의 액수가 문제가 아니다. 돈을 좀 가졌다고 하는 사람들도 돈 때문에 얼마나 시달리고 있는가. 돈에 관해서는 마음먹기에 따라 천국과 지옥을 오갈 수 있다. 나는 단칸방 월세를 살 때도 결코 못 산다고 생각하지 않았다. 부자가 되는 비전, 돈 많이 벌어 정승처럼 쓸 것이라는 비전이 있어서였다.

돈이 없어 쓰지 못한다는 것과 지출을 유보한다는 것은 하늘과 땅 차이다. 돈을 못 쓴다고 생각하면 그것처럼 괴로운 일도 없다. 하지만 더 나은 내일을 위해 잠시 지출을 유보한다고 여기면 그 자체가 행복이다. 다만 그것이 허세여서는 곤란하다. 실제로 돈이 없어 못 쓰는데 안 쓴다고 생각한들 그 마음이 달래지겠는가.

문제는 비전이다. 사람은 비전이 있으면 오늘의 불편함을 기꺼이 받아들인다. 헬렌 켈러 여사는 누군가 "앞 못 보는 것보다 더한 고통이 있느냐"고 묻자 이렇게 답했다고 한다. "시력의 상실은 얼마든지 견딜 수 있지만 비전의 상실은 견딜 수 없는 것이다."

돈을 꺼내면 사람들은 주목한다

나는 대학이나 경영대학원, 국가 기관, 대기업 등에서 성공학 강연을 더러 한다. 강의하는 도중에 가끔 지갑에서 돈을 꺼내 세기도 한다. 나름의 목적이 있기 때문이다.

강의를 마칠 무렵 갑자기 주머니에서 지갑을 꺼내 현금을 모두 빼낸다. 이 색다른 풍경이 펼쳐지면 강의실이 조용해지고 졸던 사람도 깨어 초롱초롱한 눈빛으로 바라본다(역시 사람들은 돈에 관심이 많다). 소리를 내지 않고 조용히 돈을 세기 시작한다. 한 장 한 장 넘기며 돈을 다 센 다음 몇 사람에게 이 돈이 모두 얼마냐고 묻는다. 그러면 10명이면 10명 모두 정확한 액수를 말한다. 내가 돈을 셀 때 그들도 함께 세고 있었던 것이다.

이쯤 되면 돈의 주목도가 얼마나 큰지 알 수 있을 것이다. 돈은 사람의 마음과 눈길을 끄는 마력을 갖고 있다. 인간의 욕망이 투사된 상징이기 때문이다.

나는 이렇게 말하며 강의를 마친다.

"방금 우리가 함께 돈을 세었듯이 일터에서 가정에서 마음을 합쳐 보세요. 그러면 틀림없이 성공합니다."

돈을 정성껏 모셔보라

돈에 관한 태도 몇 가지를 소개한다. 내가 경험으로 습득한 것들인데 '돈을 부르는' 효과가 있는 것 같다.

첫째, 신용 카드나 수표보다는 현금이 좋다. 현금은 보기에도 두둑하다. 돈의 중량감이 심리적 만족감을 주어 안 써도 배부른 감이 있다. 가진 돈의 장수가 적으면 심리적 궁핍감이 생겨 지출 욕구가 더 생기는 법이다.

둘째, 돈을 못 쓴다고 생각하면 인생이 괴롭다. 못 쓰는 게 아니라 안 쓰는 것이라고 생각을 바꾼다. 내일의 풍요를 위해 잠시 지출을 유보하고 있을 뿐이라고 생각한다. 이런 태도는 돈에 대한 자신감을 길러준다.

셋째, 가끔 돈을 세어보라. 아내와 함께 세어보라. 정신 집중이 잘 되고 함께 돈을 세는 사람들의 단결력도 길러진다. 또한 돈의 가치와 근로와 소비에 관한 경건한 태도가 형성된다.

넷째, 돈을 항상 가지런하게 넣어두라. 돈을 대하는 태도는 항상 겸손하고 경건해야 한다.

주인이 돈을 막 다루면 나중에는 돈이 그 주인을 막 다룬다. 돈을 만지는 습관이 중요하다. 나는 가끔 농담 반 진담 반으로 "세종 대왕(1만 원권)이 항상 위를 쳐다보도록 돈을 간수하라. 아무렇게나 넣어두면 세종 대왕이 어지러워서 돈이 들어오지 않는다"고 말한다.

다섯째, 돈을 쓸 때는 수중에 돈이 들어오게 해주고 기꺼이 지출을 허락해준 신에게 감사하라. 돈을 조금 쓰더라도 큰돈을 쓰는 것 같은 만족감이 생긴다. 그냥 대충 쓰는 돈과 감사의 마음으로 쓰는 돈은 그 만족도에서 두 배 이상 차이가 난다.

Rush Again!

지폐나 동전을 취급하는 태도를 보면 그 사람이 부자가 될 사람인지 아닌지, 복이 들어올 사람인지 아닌지 대번에 알 수 있다. 지갑이 늘 헝클어져 있는 사람, 지폐를 아무렇게나 보관하는 사람, 동전을 아무 데나 함부로 굴리는 사람에게는 결코 돈이 들어오지 않는다. 설령 지금 돈이 많다 해도 그 돈은 언젠가 다 빠져나갈 것이다. 마치 썰물처럼. 돈을 그렇게 함부로 대하는데 돈이 그 사람을 찾아갈 이유가 있겠는가.

은행 돈,
절대 빌리지 마라

은행에서 돈을 빌리지 말라고? 혹시 은행에서 따지러 올지도 모르겠다. 그래도 할 수 없다. 되도록 은행 돈이든 무슨 돈이든 빌리지 말자.

은행 돈을 빌려 아파트나 땅을 사서 부자가 된 사람들의 예를 들면서 이자만 싸면 은행 돈을 빌리는 게 좋다고 말하는 사람도 있다. 물론 은행 돈으로 큰돈을 벌어들인 사람도 있다. 그런데 그런 사람이 몇 명이나 될까? 내가 알기에는 은행 돈을 빌려 성공한 사람보다는 은행 좋은 일만 시켜주는 사람이 훨씬 더 많다.

건실한 부자는 대부분 사업을 하거나 저축한 돈으로 투자해서 돈을 벌었지 은행 돈을 굴려서 번 사람은 없다. 사업상 필요로 정책 자금 같은 것을 끌어다 쓰는 것이라면 몰라도 돈을 빌리는 것은 아예 삼가야 한다고 생각한다.

1981년 말의 일이다. 사업으로 꽤 많은 돈을 벌었다. 돈이 들어오면 은행에서 가장 먼저 안다. 현금을 창고에 쌓아둘 수는 없는지라 은행에 예금해두기 때문이다. 통장에 잔고가 많아지면 은행에서 자주 연락이 오고 은행에 가면 창구를 거칠 필요도 없이 지점장 방으로 직행한다.

수중에 가진 것이 없을 때는 빌려달라고 사정을 해도 안 빌려준다. 하지만 잔고가 넉넉하면 싼 이자로 돈을 빌려가라고 자꾸 유혹한다. 처음에는 별생각이 없다가 이자가 싸다는 이야기에 차츰 생각이 달라진다. 싼 이자로 은행 돈을 빌려 투자하면 이익이 얼마쯤 더 생기겠거니 하고 잔꾀가 발동하는 것이다.

결국 은행에서 돈을 빌려 신규 사업에 투자했다. 세밀한 사업 구상에 맞춰 자금을 끌어들인 것이 아니라 자금에 맞춰 사업을 설계한 것이다. 주도면밀한 구석이 없는데다 전혀 경험이 없는 분야의 사업이었으니 결과는 불을 보듯 뻔했다. 몇 달 못 가서 신규 사업은 보기 좋게 나가떨어지고 말았다. 집을 옮기고 남은 돈 다 털어 빚을 갚고 나니 수중에 한 푼도 없었다. 보름이 지나자 쌀독이 비었다. 도무지 아내를 볼 낯이 없었다.

'거기서 만족했어야 했는데 왜 은행 돈을 빌렸을까?' 후회막심이었다. 그러나 때는 늦었다. 우선 발등의 불부터 꺼야 했다. 당장 식구들의 생계를 이어가는 일이 급했다. 사업 재기는 고사하고 어떻게 먹고 살아야 할지 막막했다. 전전긍긍하던 차에 한 친구가 좋은 장사거리를 소개해 주었다.

조끼 5,000장이 헐값에 나왔으니 인수해서 장사를 해보라는 것이었다. 매물로 나온 조끼 1장당 인수 가격은 500원에 불과했다.

시중 가격이 5,000원가량 하는 조끼의 인수가가 500원이라니, 해볼 만한 장사였다.

그러나 조건이 있었다. 조끼 5,000장을 한꺼번에 일시불로 인수해야 한다는 것이다. 당장 먹을 쌀도 없는 내가 무슨 수로 250만 원을 마련해 조끼를 인수한단 말인가.

궁하면 통하는 법, 평소 잘 알던 사채업자를 찾아갔다. 가깝게 지내던 사이였는데 내 형편이 어려워지니까 아예 만나주려고도 하지 않았다. 전화 연결도 되지 않았다. 나는 배수진을 쳤다. 이 사람을 만나지 못하면 굶어 죽는다고 생각했다.

당장 사채업자의 집으로 찾아가 대문 앞에서 기다리기 시작했다. 사흘 밤낮을 진을 치고 기다린 끝에 겨우 만날 수 있었다. 마치 구세주를 만난 것 같았다. 나는 그 '구세주' 앞에 무릎을 꿇고 머리를 조아리며 사정했다. 한 번만 도와달라고.

마음이 움직였는지 사채업자가 250만 원을 내주었다. 나는 그 길로 조끼 5,000장을 인수해 셋집 마당이며 창고에 쌓아두고 어떻게 팔까 궁리했다. 도매로 넘기면 이윤이 너무 적어 벌이가 되지 않을 것 같아 직접 들고 나가 팔기로 했다.

체면이 밥 먹여주는 것 아니다

체면 차릴 여유가 없었다. 나는 리어카에 조끼를 싣고 돌아다니며 팔기로 했다. 새벽에 조끼를 가득 실은 리어카를 끌고 나가는 내 모습을 본 아내가 눈물을 왈칵 쏟았다. 불과 일주일 전만 해도 자가용을 타고 출퇴근하던 사람이 리어카를 끌고 나가니 얼마나 기가 차겠는가. 나는 지금도 아내의 그 눈물을 잊지 못한다.

새벽에 리어카를 끌고 나가 다 팔고 빈 리어카를 끌고 돌아왔다. 잘 팔리는 날은 오후 3시에도 들어왔고 좀 더디 팔리는 날은 한밤중에 들어왔다.

그때의 기억이 지금도 생생하다. 아침에 리어카에 물건을 가득 싣고 나갈 때는 전혀 힘든 줄을 몰랐다. 어서 팔아야지 하는 생각에 오히려 기분이 좋았다. 그런데 다 팔고 빈 리어카를 끌고 돌아올 때는 몸이 너무나 무겁고 마음이 힘들었다.

별별 생각이 다 들었다. 돈 좀 있다고 술값을 펑펑 쓰고 다니던 일, 무리하게 사업을 확장하던 일, 은행 돈을 빌려 쓰던 일 등이 머릿속에 떠올라 괴로웠다. 한없이 슬프고 처량한 나날이었다.

어쨌든 나는 그렇게 리어카를 끌고 다니며 온 힘을 쏟아 열흘 만에 조끼를 모두 팔아 치웠다. 결산해보니 빌린 사채를 갚고도 500만 원이 수중에 떨어졌다. 워낙 싼 값에 인수했기 때문에 짧은 시간에 꽤 많은 돈을 벌 수 있었다. 나는 그 돈으로 집에 생활비를 주고 남은 돈으로 부산 대연동에 작은 사무실을 마련했다. 그리고 그곳에서 재기에 나서 오늘에 이르렀다.

나는 강의할 때마다 능력 밖의 돈은 아무리 이자가 싸더라도 빌리지 말라고 당부한다. 설령 능력이 있다 해도 절대 빌리지 말고, 아무리 어려워도 견딜 수 있을 때까지는 은행 돈을 빌리지 말라고 한다.

은행에 잔고가 많고 부동산이 많으면 많을수록 조건 좋은 은행 돈의 유혹이 많아진다. 돈을 빌리는 것은 순식간이다. '오케이' 사인만 하면 은행에서 통장으로 바로 입금해준다. 그 돈은 엄연히 빚인데도 마치 '공돈'처럼 여겨진다.

공돈으로 생각하기 때문에 꼼꼼히 따져보지도 않고 헤프게 쓰게 된다. 생각지도 않은 곳에서 돈 쓸 일이 자꾸 생겨난다. 꼭 필요한 곳이라기보다는 돈이 있으니까 돈 쓸 곳이 생기는 식이다.

다행히 돈을 써서 더 많은 돈을 벌면 모르겠지만, 세상일이란 게 그렇게 간단하지 않다. 의지와 계획은 부족한 채 돈을 앞세우는 사업은 성공하기 어렵다. 사업이 안 되거나 이자를 못 갚으면 곧바로 망하게 된다.

은행에서 돈을 빌려줄 때는 서로 좋은 얼굴이었지만 이자를 제때 못 갚기 시작하면 사정이 달라진다. 잘나갈 때는 곧바로 지점장과 대면하지만 사업이 한번 꺾이면 대리를 만나기도 어려워지고 창구 앞에서 기다리다 돌아와야 한다. 세상에 그만큼 비참한 일도 없다. 그러니 안 빌리는 것이 상책이다.

부족하면 부족한 대로 의지와 계획과 노력을 앞세워 일을 해 나가면 된다. 또 그렇게 해야 무슨 일이든 성공 가능성이 높아진다. 사실 누구나 아는 것이지만 돈을 많이 버는 것보다 더 좋은 것은 마음 편히 사는 것이다. 마음 편히 살려면 첫째 빚이 없어야 한다. 아무리 적은 빚이라도 갚을 수 있으면 일단 갚아야 한다. 그것이 성공하는 길이다.

당신 자신에게
상을 주라

남에 대한 칭찬도 필요하지만 나에 대한 칭찬도 중요하다. 다른 사람에게 상을 주는 것도 중요하다. 하지만 나에 대한 시상은 더욱 중요하다.

당신이 뭔가를 해냈을 때는 자신에게 상을 주라. 하나의 일에 대해 마침표를 찍고 넘어가자는 이야기다. 정말 힘들 때도 자신에게 상을 주라. 격려하면서 한 박자 쉬어가자는 이야기다.

그동안 열심히 일한 영식이에게 상을 주다

1998년 6월 22일, 내가 생각해도 대견스러운 나에게 상을 주었다. 그날은 제일은행에 밀린 이자 9,800만 원을 갚고 집과 공장의 압류를 해제한 날이었다.

나는 퇴근길에 캔맥주 2개를 샀다. 그리고 아내를 마당으로 불러 밤하늘의 별을 보면서 조촐한 파티를 열었다. 문득 감사의 마음이 솟아났다. 살고 있는 우리 집, 또 다른 식구인 소나무, 영산홍, 잔디 들이 참으로 소중하게 느껴졌다. 그날 우리 부부는 "좀 더 뛰어서 남은 빚도 다 갚고 재밌게 살자"고 다짐했다. 10미터 더 뛰기로 말이다!

다음 날 공장에 출근하여 열심히 일한 직원들에게 보너스를 지급하고 특별 승진을 시켜주었다. 그리고 오후에 병원으로 갔다. 그동안 옆구리가 계속 아팠다. 하지만 큰병에 걸리지 않았을까 두렵기도 하고 여기서 병에 걸리면 안 되는데 하면서 계속 미루어왔던 것이다. '영식이는 그동안 열심히 일했으니 오늘은 검진을 받아도 좋다'는 일종의 포상이었다. 두근거리는 마음으로 찾아갔는데 다행히 결과는 정상으로 나왔다.

우리 회사에는 포상이 많다. 창립 기념일이나 송년회와 같은 공식적인 자리에서는 말할 것도 없고 특별한 형식 없이 수시로 포상을 한다. 일주일에 한 번은 상을 준다. 또한 직원 마일리지 제도를 계속 보완해 가고 시상에 관한 아이디어를 수집해 온갖 제목을 붙여서 상을 준다.

그런데 더 좋은 상은 자기 스스로 주는 상이다. 멋진 형식도 한 번 만들어보라. 인터넷을 검색해보면 상패를 만들어주는 회사가 많이 있다. 문안만 자기가 만들거나 있는 문안 중 고르기만 하면 멋진 상패를 제작해서 배송해주는 회사들이 있다.

그런 곳을 이용해 멋진 상패를 자기 집이나 사무실로 보내보라. 날아갈 것 같은 기분이 들고 힘이 나며 자신이 무척 대견스럽게 느껴질 것이다. 이렇듯 중요한 대목마다 한 번씩 일단락을 지어주면서 나아가면 발걸음이 훨씬 경쾌해진다.

생각을 1도만
틀어보라

옛날 어느 성 앞에 높이가 3미터나 되는 커다란 바위가 있었다. 사람들 모두 그 바위를 피해 다녔다.

그런데 어느 날 부임한 성주가 그 바위를 치우기로 마음먹었다, 성주는 고심 끝에 현상금을 내걸고 바위를 치워줄 사람을 찾았다. 많은 사람이 찾아왔지만 막상 그 바위를 치우겠다고 나서는 사람이 없었다. 대부분 현상금을 올려달라고 요구했다.

바위가 워낙 크기 때문에 장비와 사람을 고용하려면 돈이 더 든다는 것이었다. 성주의 결심에도 바위는 한참을 그 자리에 그대로 있어야만 했다.

어느 날 한 남자가 찾아와 성주가 내건 현상금만으로 바위를 치우겠다고 했다. 성주는 반신반의하면서도 일단 맡겨보기로 했다. 그리고 바로 다음 날 성 앞의 바위는 감쪽같이 사라져버렸다.

어떻게 된 일일까? 남자는 바위를 움직이지는 않았다. 바위 밑에 큰 구덩이를 파서 지렛대를 이용해 바위를 옮긴 것이다.

그렇다! 생각을 조금만 틀어보면 답이 나온다. 이것을 창의적인 발상이라고 하지 않는가.

중동의 기적이라 불리는 두바이의 변화도 처음에는 상상으로 시작되었다. 작은 토후국인 두바이가 지금처럼 관광과 무역의 중심지로 각광받으리라 예상한 사람은 아무도 없었다.

그 엄청난 변화는 셰이크 무함마드 국왕의 상상력에서 비롯되었다. 사막 한가운데에 거대한 스키장이 생기고 바다 한가운데에 세계 지도를 닮은 인공 섬이 생겨났다. IT, 금융, 관광이 어우러지는 최첨단 도시가 건설되었다. 기상천외하지만 충분히 가능한 상상의 결과다.

그렇다면 다음과 같은 작은 상상은 어떤가.

언젠가 대한항공 비행기로 김포공항을 출발해 진주 사천비행장에 도착할 무렵이었다. 착륙할 시간이 되자 안내 방송이 나왔다. 군 비행기가 이착륙하는 중이라 10여 분간 선회비행을 할 수밖에 없다는 내용이었다.

"약 10분 후 착륙하겠습니다."

기장의 멘트가 끝나고 1분쯤 지나 다시 멘트가 흘러나왔다.

"승객 여러분, 잠시 왼쪽을 보십시오. 왼쪽에 있는 저 산봉우리가 바로 지리산 천왕봉입니다. 오른쪽에 계신 분들을 위해 오른쪽으로 돌아보겠습니다."

기장의 멘트는 계속 이어졌다.

"자, 그럼 이제 남해로 가겠습니다. 지금 우리 비행기는 아름다운 남해의 상공을 비행하고 있습니다. 지금 보이는 곳이 남해시입니다."

그리고 잠시 뒤 멘트가 이어졌다.

"아, 벌써 여수로 왔군요. 오른쪽으로 보이는 곳이 여수 오동도 방파제입니다."

정말 환상적이었다. 여객기를 타고 관광 안내를 받아본 것은 난생처음이었다. 10분이 눈 깜짝할 사이에 지나갔고 공항에 무사히 착륙했다. 비행기가 제때 착륙하지 못하면 승객들은 무슨 큰일이 일어났나 하면서 조마조마하게 마련이다. 그러나 기장의 깜찍한 발상으로 승객들은 즐거운 시간을 갖게 되었다.

"정말 감동적이었습니다. 우리나라 강산이 이렇게 아름다운 줄 몰랐습니다."

내 앞 좌석에 탔던 재일교포 할머니들이 내리면서 연신 감탄을 했다.

어제와 똑같은 생각이라면 현실은 암담하다

집채만 한 바위를 옮긴 남자처럼 조종사 역시 자기 생각을 1도 바꾸어 잊지 못할 감동을 승객들에게 안겨준 것이다. 이런 것이 바로 상상력의 힘이요, 발상의 전환이 일으키는 힘이다.

잘 생각해보자.

어제와 똑같은 생각으로 바라보면 현실은 암담하고 갈 길은 멀게만 느껴진다.

생각을 1도만 틀어 상상력을 발휘해보자. 나에게 부와 성공을 안겨줄 기회는 도처에 널려 있다. 다만 아직 내 눈에 보이지 않을 뿐이다. 뭐든지 다르게 보는 시각, 기회를 찾아내는 안목만 있으면 얼마든지 성공을 거머쥘 수 있다.

시장을 돌며 잡화를 팔던 내가, 리어카를 끌고 조끼를 팔던 내가, 강남역에서 전단을 뿌리던 내가, 오늘날 이만한 기업을 일굴 줄 누가 알았겠는가. 내일은 상상하는 사람의 것이다!

희망의 스위치를
눌러라

SBS의 「리얼코리아」라는 프로그램에 나왔던 이야기를 소개한다. 서울 용산 삼각지에 허름한 국숫집이 있다. '옛집'이라는 이 국숫집은 삼각지 전철역 2번 출구 쪽에 있는, 알 만한 사람은 다 아는 집이다. 배혜자라는 성함의 할머니가 주인이다. 그 자리에서 국숫집을 20년 넘게 했다.

이 집 국수 값은 10년 넘게 요지부동이다. 내가 2년 전에 갔을 때도 2,000원이었다. 연탄불로 우려낸 멸치 국물에 국수를 말아주는데 맛이 끝내준다. 그리고 리필이 된다. 달라는 대로 얼마든지 더 준다. 공짜로!

그 집 메뉴에는 2,000원짜리 우거지탕도 있다(요즘도 같은 가격인지 확인해 봐야겠다). 딸과 함께 운영한다. 딸 얘기를 들어보면 우거지탕은 아무리 많이 팔아도 적자라고 한다. 이 할머니가 왜 2,000원짜리 우거지탕을 파는지 짐작이 갈 것이다. 가난한 사람들에게 봉사하기 위해서다. 먹는 사람 자존심 안 상하게 2,000원은 받고 파는데 한 그릇을 팔 때마다 얼마씩 적자를 본다는 것이다. 계산도 자율적이다. 돈 그릇에 알아서 내면 된다.

텔레비전에 그 국숫집이 소개되자 50대의 한 남자가 방송국에 전화를 걸어 담당 PD에게 다짜고짜 "감사합니다"를 연발했다고 한다. 담당 PD가 그 남자에게 사연을 물었다. 김형민 PD가 쓴 『마음이 배부른 식당』이라는 책에 소개된 그 사연을 간추리면 다음과 같다.

그 남자는 꽤 잘살았는데 15년 전에 사기를 당해 재산을 다 들어먹고 부인도 집을 나가버렸다. 그 뒤로 막노동을 하면서 지냈는데 벌이가 일정치 않아 돈이 없어 밥을 못 먹는 날이 많았다.

하루는 배가 너무 고파 용산역 주변 식당을 돌면서 밥을 구걸했다. 꾀죄죄한 그 사람을 받아주는 곳은 아무 데도 없었다. 신세가 너무 처량하게 느껴졌고 순간적으로 독기가 치밀어 올랐다.

'에라, 모르겠다. 이번에도 거절당하면 그 식당 불 질러버리고 감방이나 가야겠다.'

그렇게 독기를 품고 들어간 집이 바로 '옛집'이었다. 그 남자는 다짜고짜 자리에 앉아 국수가 나오자마자 허겁지겁 순식간에 해치웠다. 그걸 본 할머니가 그릇을 빼앗아 가더니 국수를 곱빼기로 가득 담아 다시 주었다. 국수를 배불리 먹은 뒤 그 남자는 냅다 도망쳤다.

어떤 일이 벌어졌을까?

할머니가 부리나케 밖으로 뛰어나오더니만 도망가는 그 남자 뒤에 대고 소리를 쳤다.

"뛰지 말고 천천히 가! 다친단 말이야!"

그는 도망치다가 들은 그 한마디에 그만 기절하는 줄 알았단다.

'아, 세상이 그렇게 더러운 곳만은 아니구나.' 하면서 세상에 대한 증오를 버렸다고 한다. 그 뒤 그 남자는 파라과이로 노동 이민을 하였고, 그곳에서 장사해서 돈을 꽤 벌었다. 그리고 한국으로 돌아와 텔레비전에서 그 집을 보게 되어 PD한테 전화한 것이었다.

"뛰지 말고 천천히 가! 다친단 말이야!"

이 한마디가 한 사람의 인생을 180도 바꿔놓았다. 할머니는 그 남자가 도망갈 때 112전화번호 대신 스위치를 눌렀다. 그 남자의 가슴에 대고 희망의 스위치를 눌러준 것이다.

남을 위로하며 더 위로받다

살다 보면 힘들 때가 있다. 억울할 때도 있다. 그래서 포기하고 싶을 때도 있다. 그럴 때 제일 필요한 게 희망 아닌가?

우선 나부터 다른 사람에게 '희망의 스위치'를 눌러주자. 자녀에게, 친구에게, 동료에게, 모든 사랑하는 사람에게. 그들의 가슴에 있는 희망의 스위치를 눌러주자.

'나도 힘이 빠지고 암담한 상황인데 어떻게 남에게 희망의 스위치를 눌러주는가'라고 반문하는 사람도 있을 것이다. 그런데 희한하게도 내가 암담할 때 남에게 희망의 말 한마디를 건네주면 그 사람에게도 힘이 되지만 나에게는 더 큰 힘이 된다. 원래 남을 위로하면 내가 더 위로받고 남을 격려해 주면 내가 더 격려받는 법이다.

경험해 보니 실제로 그렇다. IMF 때 나도 참담했지만 직원들도 힘들었다. 그때 몇 명 남지 않은 직원들 어깨를 다독거리며 "힘내! 자네는 되는 인생이야. 조금만 참아." 하면서 격려하곤 했다. 마음에서 우러나온 말이라기보다는 내 위치에서 당연히 해야만 하는 말이었다. 그런데 그렇게 직원들을 격려하고 나면 이상하게도 내가 더 분발하게 되었다.

그렇다. 이것이 바로 전염이다. 희망의 전염이다.

내가 누군가에게 전하면 그 즉시 나에게 전해지는 그런 전염이다. 이 좋은 걸 안 할 이유가 없다. 당신이 지금 지쳐 있다면 다른 사람을 힘나게 하는 말을 건네보라. 바로 되돌아온다.

준비된 멘트가
특별한 인생을 만든다

술자리나 식사 모임 같은 곳에 가면 으레 돌아가면서 한마디씩 하거나 건배 제의를 하곤 한다. 이럴 때 아무 말도 하지 않고 듣고만 있거나 머뭇거리는 사람들이 있다. 나는 이런 습관은 고쳐야 한다고 말해주고 싶다.

남의 말을 경청하는 것과 할 말이 없어 입을 다물고 있는 것을 혼동하면 곤란하다. 경청은 반드시 필요하지만 들어준 다음에는 내가 말을 해야 한다. 그것은 나의 몫이자 의무다. 아무 말도 하지 않고 그저 듣고만 있는 것은 예의가 아니다. 그것은 자신의 준비 부족을 그대로 드러내는 것이다.

가장 가까운 가족, 가장 친한 친구를 만나더라도 해줄 말이 있어야 한다. 그러나 준비하지 않으면 말이 빈곤해진다. 콘텐츠가 없는 것이다.

새로운 콘텐츠가 없으면 늘 하는 말밖에 나오지 않는다. 심지어

가족에게 "밥 먹었어?" "별일 없었어?" 딱 두 마디만 하는 사람도 많다. 그래서야 어떻게 성공하겠는가. 성공은 관계에서 이루어지는 것인데…….

모든 게 습관의 문제다. 안 해 봐서 그렇다. 고치면 된다. 지금부터 해보는 습관을 들이는 것이다. 준비해 보는 습관 말이다. 이것은 무척 중요한 것이라서 그 노하우를 꼭 일러주고 싶다.

아무 생각 없이 모임에 나가지 말라

가령 나는 저녁때 술자리 약속이 있으면 술자리에서 나눌 이야기와 건배 제의할 때 할 말을 꼭 준비해서 나간다. 누구에게 잘 보이기 위해서가 아니라 예의이고 내 자존심을 살리기 위해서다.

특별히 시간을 내 준비한다기보다는 평소 이것저것에 귀를 기울이고 눈길을 보낸다. 신문 혹은 텔레비전에서 본 것이나 일상생활에서 자연스레 듣게 되는 것들에 유의한다. 그러면 '아, 저런 것이 있구나.' 하고 자연스럽게 메시지가 찾아진다. 그것을 수첩에 기록하여 내 지식으로 받아들인다. 그런 다음 누군가를 만나면 써먹는 것이다. 한번 보거나 듣고 그걸 수첩에 메모하고 그 수첩을 몇 번 쳐다보고 하면 어느새 내 말이 되어버린다. 즉 완전히 내 스타일로 소화되어 자연스럽게 말이 나오는 것이다.

2007년 서울에서 직원들 송년회를 하는데 한 개그맨이 참석했다. 한마디를 부탁하자 그가 말했다.

"암기는 머리 좋은 사람을 만들고 기록은 정확한 사람을 만듭니다. 김 회장님을 보고 정확한 분이라고 생각했습니다. 수첩을 들고 다니면서 상대방 말을 기록하는 것을 여러 번 보았기 때문입니다."

실제로 나는 수첩을 가지고 다니면서 보고 듣는 것을 메모한다. 메모한 것은 나 혼자 가지고 있지 않고 가까운 사람들과 공유한다. 회사 간부들에게 문자 메시지를 보내거나 메신저로 알려준다. 지인들에게도 그렇게 한다. 그리고 모임에 나가기 전 수첩을 보면서 그 모임에 가장 어울리는 것을 뽑아 문안으로 만든 다음 몇 번 연습해 본다. 그렇게 준비해서 말하는 것이다. 건배 구호도 미리 만들어 연습하고 나간다. 연습은 주로 비행기나 차로 이동하는 시간에 한다.

오해하지 말기 바란다. 정해진 각본에 따라 사람을 만나거나 말을 한다는 뜻이 아니다. 술자리라도 편하게 나누는 정담이 있고 공적으로 할 이야기가 있다. 여러 사람과 함께 메시지를 나누어야 할 때 미리 준비한다는 것이다.

설령 친한 사람과 단둘이 만나거나 가족들을 만날 때도 "밥은 먹었는지" "별일 없었는지"와 같은 통상적인 멘트 외에 해 주고 싶은 말, 듣고 싶은 말을 미리 준비해야 한다.

어떤 모임이든 아무 생각 없이 나가지 마라. 해야 할 말, 나의 몫을 꼭 챙겨서 나가자. 이런 습관을 들이는 사람은 매사에 준비된 사람, 정확한 사람이 되고 그만큼 성공이 가까워진다.

기본으로 때우는 '보통'을 고쳐라

사전 준비의 위력은 대단하다.

우리 회사를 방문한 손님들은 대개 입구에서 깜짝 놀란다. 회사에 들어서자마자 '천호식품을 방문하신 ○○○님을 진심으로 환영합니다'라는 내용의 안내문을 보게 되기 때문이다. 이 안내문은 입구, 엘리베이터 그리고 접견실에 부착되어 있다.

환영 문안은 방문하는 손님에 따라 다르다. 손님은 말 그대로 귀빈 대접을 받는다. 손님들은 무척 기뻐한다. 그리고 다른 곳에 가서도 우리 회사에 대해 좋은 이야기를 해준다. 이것이 회사 홍보가 아니고 무엇이겠는가.

나는 호텔에서 이 아이디어를 얻었다. 호텔 연회장에 가면 입구에 모임 안내판이 있다. 그것을 보고 착안해서 생각을 좀 더 발전시켜 회사의 손님맞이에 적용시킨 것이다.

우리 회사에서 실시한 이런 '준비된 손님맞이'는 회사 이미지를 높이는 데 크게 기여했다. 여러 기업인 사이에서 화제가 되었고 많은 회사에서 따라하고 있다.

신년에 보내는 문자 메시지도 나는 보통 한 달 전부터 준비한다. 이런저런 모임에서 하게 되는 송년사는 두 달 전부터 준비한다. 연습을 철저하게 하고 가기 때문에 반응이 뜨겁다. 모든 공적인 멘트는 최소한 3일 전에 원고를 만들어 연습한다.

강연은 말할 필요도 없다. 많이 해본 가락이 있으니 평소 하던 대로 할 것 같지만 그렇지 않다. 항상 '초짜'의 자세로 준비한다. 아무리 작은 규모의 강연을 해도 100퍼센트 원고를 만든다.

강연에서 할 이야기를 원고로 만들어 달달 외운 뒤 자연스럽게 나올 때까지 연습한다. 그렇게 준비해서 하기 때문에 비록 지식은 부족해도 열정과 정성이 그대로 전해져 좋은 평을 받는다.

선물할 때도 마찬가지다. 나는 보통 청첩장을 받으면 그 즉시 축하 문자 메시지를 보낸다. 그리고 결혼식 전에 온시듐 화분을 혼주 댁으로 보낸다. 온시듐은 노란색 꽃이 피는데 그 꽃이 2개월 이상 간다. 혼주들은 결혼식장에서 받는 화환보다 훨씬 더 큰 감동을 받는다. 대부분 깜짝 놀랐다면서 내게 감사 전화를 해온다. 받는 사람과의 교분이 더욱더 두터워짐은 말할 필요도 없겠다. 이것이 바로 준비의 위력이다.

무슨 일이든 닥쳐서 하면 실수가 생기고 놓치는 것이 많다. 미리 준비해야 한다. 대부분 큰일을 할 때만 준비를 하고 작은 일을 하거나 친한 사람을 만날 때는 기본으로 때우는 것이 보통이다. 이 '보통'을 고쳐야 한다. 그래야 특별한 인생을 만들 수 있다. 준비된 멘트, 준비된 질문, 준비된 인사말, 준비된 문자 메시지, 준비된 선물……. 이런 것들이 당신의 인생을 반짝반짝 빛나게 해줄 것이다.

5장

'당신은 나의
경영 파트너입니다'

사람한테 잘하자.
특히 잘나갈 때 잘하자.
늘 자신을 낮추고 상대방의 말을 경청하자.
그리고 상대방이 넘어졌을 때 일어나라고 손을
내밀자. 그래야 내 편을 만들 수 있다.

어려울 때
더 많은 사람을 만나라

당신이 지금 슬럼프에 빠져 있거나 갑자기 처지가 어려워졌다면 더 많은 사람을 만나야 한다.

사람들을 만나야 해결책이 나온다. 그것도 한가한 사람이 아니라 바쁜 사람을 만나야 한다. 물론 바쁜 사람이라면 만나기가 좀 힘들 것이다. 그러나 바쁜 사람을 만나야만 알짜배기 조언을 듣고 양질의 정보도 얻을 수 있다.

바쁜 사람은 그만큼 일이 잘되는 사람이다. 당연히 그에게는 좋은 정보가 많다. 한가한 사람은 콘텐츠가 빈약하다. 신문이나 인터넷에 나도는, 누구나 다 아는 정보는 많이 알지 몰라도 실속 있는 디테일 정보는 잘 모른다.

백수들을 만나면 옛날이야기뿐이다. 동네 백수 모임을 우스개로 '동백회'라고 하며, 백수는 '화백'과 '불백'으로 나뉜다고 한다. 화려한 백수와 불쌍한 백수로 구분된다는 뜻이다.

그들에게서는 별다른 정보를 얻을 수 없다. 바쁜 사람을 만나야 정보를 얻을 수 있다. 그가 시간이 없다고 하면 기다려야 한다. 만나달라고 부탁하면 시간을 내가 어렵다고 할 것이다. 그럴 때는 무조건 찾아가야 한다. 밥도 사고 칭찬도 해주면서 자주 만나면 좋은 정보를 많이 얻을 수 있다.

지금 주위를 둘러보라. 바쁜 사람, 한창 잘 돌아가는 사람이 누구인지 찾아내라. 찾았으면 당장 전화를 걸거나 문자 메시지를 날려라.

거침없이 찾아가 만나라!

부산대 경영대학원 최고 경영자 과정에서 강의할 때다. 60명 정도의 CEO를 대상으로 한 강의였다. 그런데 20대 초반의 한 젊은이가 눈에 띄었다.

문득 전날 뚝심카페에서 채팅을 한 일이 생각났다. 뚝심카페에 들어갔는데 누군가 채팅을 신청해 왔다. '행복한 성공'이라는 닉네임을 가진 회원이다. 카페 활동도 열성적으로 하는 젊은이였다. 이런저런 이야기를 나누던 중 다음 날 강의가 있다고 했더니 강의를 듣고 싶다며 부탁을 했다. 나는 CEO들을 상대로 하는 강의라서 학교 측에 물어보고 가능하면 전체 메일로 공지하겠다고 약속했다. 하지만 학교 측에서 곤란하다고 해서 전체 메일을 보내지 못했다.

'혹시 저 젊은 친구가 어제 그 친군가?' 생각하며 강의를 했다. 강의가 끝나자 청년이 다가와 손을 내밀며 말했다.

"제가 '행복한 성공'입니다. 학교에 전화를 걸어 사정사정해서 청강 허락을 받았습니다."

나는 그 청년의 손을 반갑게 마주 잡았다. 간단히 이야기 몇 마디를 나누면서 청년에 대한 몇 가지 정보도 얻었다. 나이는 스물셋이고 자동차 세일즈맨이 되고 싶다고 했다.

내 강의를 듣기 위해 먼 곳에서 부산대까지 직접 걸어온 정성이 놀라웠고 뭔가 배워보려는 열정 또한 놀라웠다. 나는 강의실 밖에서 그 청년의 열정을 연신 칭찬했다. 그 정도 열정이라면 '자동차 세일즈 왕'이라는 목표를 틀림없이 달성할 수 있을 것이라고 말해주었다.

'행복한 성공'은 바쁜 내게 미팅을 신청했다가 여의치 않자 내가 강의하는 곳으로 직접 찾아온 것이다. 나를 찾아준 그 청년이 무척이나 고마웠다. 내가 해줄 수 있는 조언은 다 해주었다. 나중에 그가 부탁하면 어디든 추천도 해줄 생각이다.

아무리 지위가 높고 바쁜 사람이라도 자기를 알아주면서 기꺼이 찾아오는 사람을 마다치 않는 것이 인지상정이다. 도움이 되겠다 싶은 사람이 있으면 거침없이 찾아가 만나라! 특히 어려운 때일수록 많은 사람을 만나라. 틀림없이 기회를 발견할 수 있을 것이다.

당신 편이 되어 줄 사람

그대는 그런 사람을 가졌는가

만 리 길 나서는 길
처자를 내맡기며 맘 놓고 갈 만한 사람
그 사람을 그대는 가졌는가

온 세상이 다 나를 버려 마음이 외로울 때도
'저 맘이야' 하고 믿어지는
그 사람을 그대는 가졌는가

-함석헌, 「그대는 그런 사람을 가졌는가」 중에서

이 시에 나오는 그런 사람은 아니라 할지라도 넘어졌을 때 손을 내밀어 나를 일으켜주는, 그런 사람은 몇 명쯤 있어야 한다. 아무리 잘나고 똑똑해도 세상은 혼자 살아갈 수 없다. 잘나갈 때는 그걸 깨닫지 못한다. 혼자 힘으로 다 될 것만 같다. 그러나 일단 넘어져보면 사람 귀한 걸 알게 된다. 아무리 미약한 힘을 가진 사람일지라도 얼마나 큰 도움이 되는지 비로소 깨닫게 된다.

잘나갈 때는 주변에 사람들이 몰려든다. 그러나 일단 거꾸러지면 그 많던 사람이 썰물처럼 다 빠져나간다. 그래서 평소에 내 편을 많이 만들어두어야 한다. 내 편을 만들기 위해서는 우선 나부터 다른 사람에게 도움을 줘야 한다. 그래야 내가 넘어졌을 때 손을 내밀어주는 사람이 몇 명쯤 나온다.

힘든 시절, 내 편이 되어준 손차인 할머니

IMF 때 넘어진 내게 따뜻한 손을 내밀어준 손차인 할머니를 아직도 잊지 못한다. 이분은 서울 강남구 역삼동에서 '손차인할머니 추어탕'을 운영하는 사장님이다. 이 추어탕집은 내 사무실에서 불과 30미터 떨어진 곳에 있었다. 지금도 그 자리에 있다.

할머니의 추어탕은 우리나라에서 둘째가라면 서러워할 정도로 맛이 끝내준다. 그래서 곧잘 먹으러 갔다. 돈이 없어 자주는 못 가고 가끔 들렀는데 어쩌다 사흘 연속으로 가게 되었다. 사흘째 되던

날, 할머니가 말했다.

"김 사장, 추어탕 계속 먹으면 질리니까 우리랑 같이 밥 먹어요."

그 말 한마디가 그렇게 고마울 수가 없었다. 그 뒤로 나는 염치 불고하고 밥을 많이 얻어먹었다.

이 집은 지금도 손님으로 늘 바글바글하다. 소문난 맛집이다. 내게 그랬던 것처럼 많은 사람에게 베푼 마음이 복이 되어 돌아오는 게 아닌가 싶다. 나중에는 내가 이 집의 간판 디자인이며 인테리어에 대한 의견도 내고 하면서 교류를 계속했다. 지금도 생각날 때마다 들러 추어탕 한 그릇씩 먹곤 한다. 손차인 할머니 같은 내 편이 있었기에 그 힘든 시절을 버텨낼 수 있었다.

하늘이 보내준 귀인, 탤런트 이순재 씨

탤런트 이순재 씨도 잊지 못할 은인이다. 책이라서 이순재 씨라고 호칭하지만, 사실은 대선배님이고 무척 존경하는 분이다. 자타가 공인하는 한국 최고의 연기자이며 자기 관리에 철저한 분이다. 고희를 훌쩍 넘긴 나이인데도 여전히 드라마와 연극에서 왕성하게 활동 중이다.

나는 이순재 씨를 연세대 언론홍보대학원에서 만났다. 절망적인 상태에서는 빠져나왔지만 그래도 아직 완전히 재기하지 못한 어려운 상황이었다.

당시 '강화사자발쑥진액'에 활활 불을 붙이려면 광고가 필요했다. 나는 속으로 '이순재 씨가 광고 모델을 해주면 큰 도움이 될 텐데.' 하고 생각을 많이 했다. 그러던 어느 날 광고 모델 좀 해달라고, 돈은 나중에 벌어서 갚겠다며 프러포즈를 했더니 고맙게도 두말없이 응해줬다.

당시 최고의 시청률을 자랑하던 드라마는 MBC의 「동의보감」이었다. 그 드라마에서 이순재 씨가 맡은 배역이 아주 중요해 모델료도 비쌌다. 「동의보감」이 끝난 뒤 나는 최고의 모델이 무료로 나서주는 행운을 얻게 된 것이다. 이순재 씨의 광고 출연 효과는 만점이었다.

그는 내가 만날 때마다 열성적으로 쑥의 효능을 설명하고 제품을 자랑한 것이 상당히 인상적이었던 모양이다. 비록 돈이 없어 대접은 못하는 처지였지만, 나는 늘 그분 앞에서 겸손했고 인생 후배로서 잘 따랐다. 뭘 바라고 그런 것은 아니었지만 어쨌든 덕분에 무료 모델이라는 천군만마를 얻어 나는 재기에 성공할 수 있었다.

이순재 씨는 지금까지 우리 회사 모델이다. 서로 바빠 자주 만나지는 못하지만 1년에 몇 번은 골프도 같이 치면서 정담을 나누곤 한다.

하늘이 보내준 이 귀인, 기꺼이 내 편이 되어준 사람이 있었기에 나는 지금 이 자리에 설 수 있었던 것이다.

사람한테 잘하자. 특히 잘나갈 때 잘하자. 늘 자신을 낮추고 상대방의 말을 경청하자. 그리고 상대방이 넘어졌을 때 일어나라고 손을 내밀자. 그래야 내 편을 만들 수 있다.

Rush Again!

힘든 때일수록 더 많은 사람을 만나라.

내가 힘들 때는 사람 만나는 것도 싫다. 그래서 피해버리고 만다. 사람들의 생리가 대체로 그렇다. 동창회에도 안 나가고 사교 모임에도 빠지는 등 많은 인간관계를 스스로 단절시킨다. 이것은 무덤을 파는 것이다. 남 보기 창피하니까 피하는 것인데, 아무튼 그 창피 때문에 기회를 박차는 사람이 주변에 얼마나 많은가. 창피를 무릅써라. 아니, 창피할 것도 없다. 인생이란 원래 그런 것이다. 어려울수록 모임에 자주 나가고 사람을 많이 만나야 기회가 온다. 그래야 도와주는 사람이 생기고 좋은 아이디어도 얻을 수 있다.

'당신은 나의 경영 파트너입니다'

1993년 난관을 이겨내고 사업이 한창 잘될 때의 일이다. 주문이 밀려들어 즐거운 비명을 질러댔다. 고향에 다녀올 일이 있어 차를 몰고 가는데 30분 정도 지나자 공장에서 카폰으로 전화가 걸려왔다.

"운전 중이면 주차해놓고 받으시죠."

"왜 그러는데?"

몹시 불길했다.

차를 세우고 전화를 받았다.

"사장님, 추출기가 폭발했습니다."

순간, 머릿속이 하얘졌다.

'직원들이 죽었겠구나, 이젠 정말 끝났다.'

눈앞이 캄캄해지면서 사지의 힘이 한꺼번에 빠져나갔다. 더듬거리며 물어보았다.

"사람은?"

"천만 다행히도 사람은 아무도 안 다치고 기계만……."

안도의 한숨이 터져나왔다.

즉시 차를 돌려 라이트를 켜고 쏜살같이 공장으로 달려갔다. 공장안은 아수라장이었다. 밀려드는 주문을 감당하기가 어려워 추출기 한 대를 추가로 들여놓았는데 조금 싸다는 이유로 비전문적인 공장에 주문한 기계였다.

추출기 패킹 부분에서 압이 조금씩 새어나왔다. 그런데 그것을 무시하고 계속 작업을 하다가 사고가 터진 것이었다. 1.5톤 추출기가 폭발하면 수류탄 10개가 동시에 터지는 것과 같은 위력이다. 두께 10밀리미터 가로 세로 약 10미터짜리 철문 3개가 엿가락처럼 휘어져 있었다.

그 지경에서 직원들이 모두 멀쩡한 것은 말 그대로 천우신조가 아니고는 설명할 길이 없었다. 직원들이 모두 공장 한가운데에서 일한 덕에 피해를 입지 않은 것이었다. 압이 위로 올라가면서 문을 때렸다. 만약 한 사람이라도 그 압을 맞았다면 무사하지 못했으리라. 생각만 해도 간담이 서늘해졌다.

직원들은 엉망이 된 공장을 청소하느라 여념이 없었다. 그 자리에서 청소를 중단시키고 직원들 손을 일일이 잡으면서 진심으로 말했다.

"무사해 줘서 정말 고맙다."

직원들의 소중함을 일깨우라고 하늘이 내게 마련해준 사건이었다.

우리 회사에는 다음과 같은 문구가 붙어 있다.

'당신은 나의 경영 파트너입니다.'

좋은 아이디어나 불만 사항은 수시로 이메일로 접수한다는 글도 덧붙여 있다.

＊＊
'작지만 강하고 풍요로운 기업'

직원들을 파트너로 인정하는 경영 방침은 대략 다음과 같은 방식으로 구현되고 있다.

첫째, 직원 제안 제도다. 직원들은 의무적으로 한 달에 1개의 제안서를 제출해야 한다. 그밖의 별도 제안은 이메일이나 문자 메시지로 접수한다. 매달 그리고 수시로 직원들의 제안을 검토하여 경영에 반영한다.

강남구 역삼동에 서울 사옥을 지은 것도 직원의 제안을 채택한 결과다. 언젠가 한 직원이 다음과 같은 내용의 제안서를 올렸다.

'입사한 지 3개월 된 직원입니다. 설립한 지 17년이나 지난 회사가 서울에 사옥도 하나 없습니까? 경영자의 자질이 다소 의심스럽기도 합니다. 계속 근무해야 할지 말아야 할지 모르겠습니다.'

제안서를 읽으면서 얼굴이 화끈거렸다. 며칠 고심하다가 직원의 말이 맞다고 판단해 사옥을 짓기로 했다. 지금의 자리에 사옥을 짓게 된 것 역시 다른 직원의 제안을 채택한 결과다. 한 직원이 역삼동 어느 곳에 좋은 땅이 있다고 하여 알아보았더니 조건이 좋아 그 자리에 건물을 올린 것이다. 제안한 두 직원에게 포상을 했음은 물론이다.

그밖에도 고객 응대, 판촉 아이디어, 광고 문안, 생산 개선 등 수시로 직원들의 제안을 경영에 반영하고 있으며 제안이 채택되면 반드시 제안자에게 포상을 한다.

둘째, 직원 마일리지 제도다. 8년째 운영해 오고 있는 우리 회사의 가장 중요한 제도다. 직원들의 제안과 근무 업적 등을 수시로 계량화하여 마일리지를 부여하고 최고점에 도달하면 시상을 한다. 시상을 받은 직원은 다시 0점부터 시작한다. 그 결과 일부 직원은 1년 보너스에 해당하는 마일리지 상금을 받기도 한다. 그리고 마일리지 제도를 계속 보완하면서 해외 여행자 선발, 연말 특별 보너스 지급 등과 연계하여 실시하고 있다.

셋째, 복지 시스템이다. 복지는 나의 사업 목표이기도 하다. 비록 규모는 작지만 국내 최고의 복지 회사를 만드는 것이 내 꿈이다. 우리 회사의 독특한 복지 정책 가운데 하나는 '출산 지원 제도'다. 남자 직원이든 여자 직원이든 자녀를 출산하면 출산 장려금을 지급한다. 첫째, 둘째 자녀를 출산하면 100만 원을 지급하고 셋째 자녀를 출산하면 500만 원과 24개월간 양육비 등 총 720만 원을 지급하고 있다.

또한 직원 본인과 자녀의 교육비도 지원한다. 직원이 대학, 대학원, 학원 등에서 교육을 받으면 교육비 전액을, 중·고등학생 자녀를 둔 직원에게도 교육비 전액을, 그리고 대학생 자녀를 둔 직원에게는 한 학기당 300만 원의 장학금을 지급하고 있다.

부산 공장에서는 사내에 피부 관리실도 설치해 운영하고 있다.

이처럼 창의적인 복지 정책을 개발해 실시하자 직원들의 업무 생산성도 눈에 띄게 증가했다.

나는 고용을 계속 늘리고 직원들을 경영 파트너로 인정해 사업의 성과를 공유하는 방향으로 기업을 더욱 발전시키고자 한다. 직원이 입사해서 집 걱정, 돈 걱정 하지 않고 일하다가 정년 퇴임할 수 있는 회사, 작지만 강하고 풍요로운 기업을 만들기 위해 직원들과 머리를 맞대고 있다.

가족을 위해!

어느 날, 10년 전에 가입한 암 보험이 만기가 되어 통장으로 1,200만 원이 입금되었다. 지인들의 부탁으로 이런저런 보험을 들다 보니 가짓수가 많아져서 내가 어떤 보험을 들었는지 기억하지 못하기도 한다.

통장에 돈이 들어와 확인해보니 1998년 4월 24일에 가입한 암 보험이었다. 그렇다. 그때 보험을 들은 게 맞다. 일기장을 찾아보니 이렇게 쓰여 있다.

1998년 4월 17일

오늘 따라 옆구리가 많이 아프다. 간경화일까? 간암일까? 설명회를 하는데 숨이 턱틱 막힌다. 내가 죽더라도 IMF 시대에 돈을 제일 많이 번 사람이 되고 죽어야 한다.

부끄러운 이야기지만 IMF 때 나는 매일 저녁 소주를 한 병씩 마시고 잤다. 온종일 일에 미쳐 이리 뛰고 저리 뛰다가 잠을 자러 여관에 들어가면 그 잘나가던 사업이 한순간에 무너진 것에 대한 회한 때문에 괴로웠던 게 사실이다. 그래서 저녁을 때울 겸 소시지 안주에 소주 한 병을 마시면서 잠을 청했다.

그래서였는지 언제부터인가 오른쪽 옆구리가 아팠다. 일시적으로 아픈 것이 아니라 증상이 점점 심해졌고 움직이는 데도 매우 불편했다. 똑바로 누울 수 없어 옆으로 누워 새우잠을 자야 할 정도였다.

그러나 병원에 갈 엄두는 내지 못했다. 만약 병원에서 검진을 받아 큰 병에 걸린 것으로 확인되면 모든 일이 스톱될 테고 그러면 가족들은 길거리로 내몰려야 하지 않는가.

가족들이 불쌍했다. 집은 압류당해 있고, 내가 죽으면 빚만 잔뜩 떠안은 채 친척 집을 떠돌 형편이었다. 그래서 그때 암 보험에 가입한 것이다.

암 보험에 가입하고 두 달이 지난 뒤 제일은행에 밀린 이자 9,800만 원을 갚고 어느 정도 마음에 여유가 생겨 병원을 찾았다. 검진 결과 아무 이상이 없다고 한다. 천만다행이었다. 나중에 절친한 한의사와 상담해보니 당시 내 병명은 다름 아닌 화병이었다. 화병이 생겨 옆구리가 아팠던 것이다. 비단 나뿐이었겠는가. IMF 때 길거리로 내몰린 사람 중 상당수가 화병에 걸렸다. 또 많은 사람이 암에 걸려 목숨을 잃었다.

"당신을 믿어!"

지금이야 정기적으로 검진을 받는 등 건강관리를 철저히 하지만 그때는 그럴 만한 금전적인 여유도, 마음의 여유도 없었다. 아파도 가족에게 말도 할 수 없었다.

그러나 그 시절을 버텨낼 수 있었던 힘은 가족에게서 나왔다. 일어서고 망하고를 여러 차례 되풀이하는데도 탓하는 대신 "당신을 믿어!" 하며 끝까지 격려해준 아내, "아빠는 틀림없이 일어설 거야." 하면서 힘을 준 딸과 아들이 있었기에 죽어버리고 싶다는 생각을 멈출 수 있었고 불가능해 보이는 목표에 도전해 그 이상을 성취할 수 있었다.

부자가 되어야 하는 이유는 참으로 많다. 그중 첫 번째가 바로 '가족을 위해!' 아니겠는가. 어떤 사람이 쓴 「사랑하는 아들에게 주는 편지」에 이런 구절이 나온다.

'친구가 돈이 필요하다면 돌려받지 않아도 되는 한도 내에서 다 해줘라. 그러나 먼저 네 형제나 가족들에게 그렇게 해줬는지 생각해보아라.'

그렇다. 가족에게 먼저 베풀어야 한다. 가족을 위해 우리는 살아남아야 한다. '가족을 위해!'라는 지향점이 뚜렷하지 않은 사람은, 그것을 먼저 실천하지 않는 사람은, 직장과 이웃과 국가를 위해 아무것도 할 수 없다.

아무리 힘들고 오늘 하늘이 무너질 것만 같아도 좌절하지 않고 어제보다 10미터 더 뛰어야 할 분명한 이유가 있다.

당신의 가족을 위해!

믿을 만한 동업자
단 한 사람, 아내

　이 땅의 모든 남편에게 아내의 조언을 귀담아들으라고 말해주고 싶다. 대체로 아내들은 직관력이 뛰어나다. 직접 사업을 하지는 않아도 전체적인 흐름이나 앞으로의 추세, 중요한 투자에 대한 판단 등에 있어 놀라운 감각을 발휘한다. 그래서 중요한 결정을 내릴 때 아내의 조언에 귀를 기울이면 큰 도움을 받게 된다.

　아내는 나의 '동기 부여자'이다. 1987년 저주파 의료기 사업을 할 때다. 고전을 면치 못하던 사업이 조금씩 풀려나갔다. 그때 보증금 600만 원에 월세 4만 원 하는 방 두 칸짜리 아파트에 살고 있었다. 아내는 자꾸 이사만 다니지 말고 작은 아파트라도 하나 장만하자고 졸라 댔다.

　나는 사업을 하면서도 집을 장만할 생각을 하지 못했다. 아내의 말을 듣고서야 비로소 아파트를 하나 사면 좋겠다는 생각을 하게 되었다. 아파트 장만이라는 새로운 목표가 생겨 더욱 열심히 사업에 매진하게 되었고 어느 정도 여윳돈이 만들어지면 50제곱미터 정도의 아파트를 사기로 했다.

그런데 어느 날, 아내가 아파트를 알아보러 다니더니 89제곱미터짜리 아파트를 3,500만 원에 덜컥 계약해 버렸다. 아내는 계약서를 보여주면서 중도금과 잔금은 직접 장사를 해서 채워 넣으라고 내게 명령(?)했다.

그 뒤 나는 발에 땀이 나도록 뛰었다. 아파트 중도금과 잔금을 치를 때까지는 술도 끊었다. 실적이 부진한 영업 사원들을 직접 내 차에 태우고 다니면서 일일 판매하는 법을 가르쳐주었다.

경남 사천, 진해, 마산 등지를 돌아다니면서 새벽부터 밤늦은 시간까지 세일즈에 전념했다. 잘될 때는 하루에 저주파 치료기를 70~80대까지 팔아 치웠다. 그렇게 해서 불과 한 달 만에 중도금을 내고 다시 10일 만에 잔금을 모두 치렀다. 아내가 분명한 목표를 제시해주지 않았더라면 그때 아파트를 장만하지 못했을 것이다.

셋방에만 살다가 아파트로 이사하니 마치 천국에 온 기분이었다. 걸레를 들고 큰방, 작은방, 거실을 오가며 닦고 또 닦았다. 거실에 드러누워 하늘을 보니 구름이 춤을 추는 듯했다.

몇 년 지난 뒤 아내는 새로운 제안을 했다.

"사람은 모름지기 땅을 밟고 살아야죠. 그러니까 주택으로 이사합시다. 그렇게 하면 정말 군소리 안 하리다."

그래서 다시 열심히 땀을 흘려 개인 주택을 한 채 샀다.

아내는 '달팽이엑기스'가 제법 성공을 거두자 공장을 지으라는 것이 아닌가.

"당신이 계속 남의 공장만 가지고 일하니까 마음이 영 그래요. 1~2년 하다 그만 둘 것도 아닌데. 공장이 있어야 더 많이 팔 수 있고 사업도 계속할 수 있잖아요."

나는 아내에게 이 말을 듣기 전까지만 해도 공장 지을 생각을 못했던 게 사실이다. 주문 생산으로 얼마든지 제품을 만들 수 있었기 때문이다. 그러나 아내의 제안을 곰곰이 따져보니 그동안 내 생각이 얼마나 짧았나 싶었다. 아내의 판단이 옳았던 것이다.

그리하여 사업으로 번 돈을 다른 곳에 쓰지 않고 공장을 짓는 데 투자해 1993년 6월 21일 부산 사상구에 천호식품 공장이 들어서게 된 것이다. 그 뒤 확장을 하긴 했지만 이곳이 바로 지금의 천호식품 공장이다.

아내의 제안은 거기서 그치지 않았다. 차고가 딸린 개인 주택을 장만해야 한다는 것이었다. 그때 나는 아내의 말에 조금도 이의를 달지 않고 그대로 실행해 지금 살고 있는 주택을 마련했다.

■ ■
■

아내의 말을 들었더라면……

아내의 지시(?)에 의해 마련한 공장과 집이 나중에 은행에 압류를 당했으니 얼마나 속이 탔겠는가. 아내는 내가 무리하게 사업을 확장해 나갈 때 몇 번이나 주의하라고 더는 일 벌이지 말라고 요청했다.

하지만 신규 사업의 유혹에 필이 꽂힌 나는 아내의 말을 듣지 않았다. 결국 그 때문에 인생 최악의 상황을 맞게 되었다. 만약 그때 아내의 직감에서 우러나온 제안을 귀담아듣고 따랐다면 IMF 때 파산 지경으로 내몰리지 않았을 것이다.

돌이켜 보면 아내는 사업의 중요한 길목마다 내 조언자였다. 만약 적절한 타이밍에 제시한 아내의 목표가 없었다면 나는 지금 주택도 없고 공장도 없는 그저 그런 평범한 판매업자에 불과했을지도 모른다. 또한 어려운 시절에도 아내는 항상 내 곁을 지켜주고 위로가 되어주었다. 아내야말로 내 인생 최고의 멘토였다. 분명한 것은 아내는 가장 진실한 동업자이고 놀라운 직관력으로 사업을 인도해주는 길잡이라는 점이다. 그것을 부정했을 때 우리는 참담한 결과를 맞이하게 된다.

남편들이여, 아내의 조언에 귀를 기울여라!

에필로그

epilogue

"지금 당장 방망이를 휘두르십시오"

존경하는 독자님!

이 한 권의 책을 통해 전하고 싶은 결정적인 메시지를 단 하나만 골라내라고 한다면, 이 한 권의 책을 단 한 줄로 요약하라고 한다면 저는 서슴지 않고 다음의 문구를 제시하겠습니다.

'못 팔면 죽는다!'

이것은 저를 사지死地에서 일으켜 세운 격문檄文입니다. 이것은 어디에서 베껴온 것도 아니고 누가 대신 만들어준 것도 아닙니다. 저의 깊은 곳으로부터 솟구쳐 오른 본능의 절규였습니다. 저는 이 격문을 제 휴대전화 액정에 박아두고 날마다 매시간 쳐다보면서 자신을 채찍질했습니다.

실제로 못 팔면 살아남을 수 없었습니다. 그래서 살기 위해 팔았습니다. 만약에 이 강렬한 저 스스로의 선동이 없었더라면 기업 오너는커녕 노숙자 신세를 면치 못했을지도 모릅니다. 저를 살려낸

이 한 줄의 격문을 독자님께도 그대로 드리고 싶습니다.

사실 못할 게 아무것도 없습니다. 만약 누가 뒤통수에 총을 겨누고 그걸 못한다면 방아쇠를 당겨버리겠다고 위협한다면 못해낼 사람이 누가 있겠습니까? 그래도 "난 못하겠다"며 주저앉을 사람이 몇이나 되겠습니까?

무엇을 해야 할지 빤히 알면서도 몸이 움직이지 않고 머리가 돌아가지 않는 것은 절박함이 없기 때문입니다. 사실 상황은 더없이 절박함에도 절박함을 느끼지 못하기 때문에 나태하고 주저앉는 것입니다.

나를 바라보는 가족들, 나를 기억하는 친구들, 나를 낳아준 이 조국, 그 모든 존재가 바로 행동의 원천이요, 이유입니다.

독자님들의 관계들을 돌아보십시오. 관계들의 의미를 잘 새겨보십시오. 지금 가만히 앉아 있을 때가 아닙니다. 끌려가는 소처럼 묵묵할 때가 아닙니다. 그들이 나에게 기대하고 있지 않습니까? 그들이 나를 믿고 있지 않습니까? 그들이 나를 응원하고 있지 않습니까? 그렇다면 서슴지 말고 인생의 전장으로 나가 용감하게 싸워야 합니다.

못 팔면 죽습니다. 못해 내면 죽습니다. 자, 용사가 되어 승리의 깃발을 들고 나아갑시다!

옛 중국의 시에 '화무십일홍花無十日紅, 즉 열흘 붉은 꽃이 없다고 했습니다. 인생은 훌쩍 지나가버리고 맙니다. 아침에 게으른 사람은 석양에 바쁘게 마련입니다. 먼 훗날을 기약하고 웅크리고 앉아 있어서는 안 됩니다. 내일로 미뤄서는 안 됩니다. 지금 해야 합니다. 바로 지금요!

이 책을 다 읽는 독자님은 아시겠지만, 저의 생활 슬로건은 '생각하면 행동으로!'입니다. 생각을 머릿속에 담아두고 있지 않습니다. 반드시 행동으로 옮깁니다. 그것도 생각한 즉시 말입니다. 그래서 비록 생각이 그리 탁월하지는 않았지만 바로바로 행동으로 옮기다 보니 조금씩 더 진보할 수 있었고 돌아보니 어느새 만리장성을 쌓게 된 것입니다.

이 책을 다 읽고 미루는 습관 한 가지만 청산해도 분명 인생에 빛이 들어오리라 확신합니다.

물론 생각을 즉시 행동으로 옮기면 실패할 확률도 상당히 높습니다. 그렇다고 생각만 거듭한다면 결국 세월만 죽이고 맙니다.

홈런 칠 생각을 하시나요? 일본 국가 대표 감독을 지낸 왕정치는 현역 시절 홈런왕이었습니다. 그의 기록을 눈여겨보십시오. 홈런왕인 그는 삼진 아웃의 기록 보유자이기도 합니다. 미국의 홈런왕 배리 본즈도 삼진 아웃에 관한 한 선두 자리를 빼앗기지 않은 사람입니다. 우리나라 장종훈 선수도 홈런왕이었지만 역시 최다 삼진 아웃의 주인공이었습니다. 베이브 루스도 마찬가지고요.

이처럼 홈런 많이 때리려면 삼진 아웃을 각오해야 합니다. 삼진 아웃이 두려워 방망이를 휘두르지 않으면 홈런을 칠 수 없고 안타도 칠 수 없습니다. 지금 방망이를 휘두르십시오. 그것이 성공의 가장 빠른 길입니다.

경기 침체가 계속되고 있습니다. 경쟁은 갈수록 치열해집니다. 이런 것들이 나의 재산을, 나의 경력을 빼앗아갈 수는 있습니다. 그러나 나의 정신까지 빼앗아가지는 못합니다. 오히려 정신은 시련 속에서 담금질해 강철로 다시 태어납니다.

지금 나를 둘러싼 조건이 어렵다면 바로 그 조건을 깨고 나오십시오. 시련은 그 사람을 알아보게 합니다. 시련이야말로 그 사람의 진면목을 그대로 보여줍니다.

거센 파도를 헤치고 나옴으로써 '내가 바로 이런 사람이다!' 하고 보여주시기 바랍니다.

저는 좌절과 시련을 뚫고 전진하려는 독자님의 친구가 되고 싶습니다. 나약함과 무기력함을 거대한 운동 에너지로 바꾸고 싶어 하는 독자님의 응원자가 되고 싶습니다. 저를 친구로 사귀고 싶다면, 저의 응원을 받고 싶다면 이 책을 한 번 더 읽어보십시오. 자신을 움직이게 하는 지점에 책갈피를 끼우고 밑줄을 긋고 힘들 때마다 한 번씩 쳐다 보십시오.

제가 얼마나 힘든 가운데에서 일어났는지 더 알고 싶으시면 저의 카페로 오십시오. 인터넷 '다음'에서 '뚝심카페'를 치고 들어오시면 됩니다. 뚝심카페의 '부자 되는 방'을 1번부터 읽어보십시오. 이 책에 미처 옮기지 못한 크고 작은 사연이 많이 나옵니다. 제 일기도 상당수 수록되어 있습니다. 그걸 보면 '아, 나도 할 수 있겠구나.' 하는 생각이 드실 겁니다.

저는 이 책과 인터넷 카페를 통해 그리고 제 회사를 통해 행복한 마음으로 독자님을 기다리겠습니다.

저는 확신합니다. 이 책을 끝까지 읽은 독자님은 틀림없이 성공할 것이라고요.

힘내십시오. 뒤에서 열심히 응원하겠습니다.

끝으로 독자님께 다시 한번 드리고 싶은 말씀이 있습니다.

"생각하면 행동으로, 지금 당장!"

부록특강
special lecture

간절히 원한다는 것은
무엇인가

수많은 강연을 다녔지만 특히 기억에 남는 강연이 있다. 2007년 부산 남구 대연동에 있는 대연초등학교에서 학부모들을 상대로 한 강연이다. 대연초등학교는 우리 아이들이 졸업한 학교이기도 하다. 이곳에서 학부모들에게 '간절히 원하게 하라!'를 주제로 강연했다. 반응이 놀랄 만큼 뜨거웠다.

그저 공부시킬 생각만 할 뿐 아이들이 진정 원하는 것을 발견하게 해주는 일에는 도무지 관심이 없는 부모가 많다. 흔한 말이지만, 물고기를 갖다 주는 것보다 물고기 잡는 방법을 알려주는 게 훨씬 낫다. 나는 여기서 한 걸음 더 나아가라고 조언하고 싶다. 물고기 잡을 마음이 생기도록 도와주라는 것이다. 물고기 잡을 마음만 있으면 어떻게든 배워서 물고기를 잡는다. 그러나 그럴 생각이 없으면 아무리 가르쳐도 시늉만 할 뿐 직접 하지는 않는다. 이 강연에서는 바로 그런 이야기를 한 것이다.

이날 강연 내용은 대부분 이 책에서 언급된 것들이다. 그러나 주의 깊게 읽어 보면 그 속의 메시지가 새롭게 느껴질 것이라고 생각한다. 특히 자녀를 둔 부모라면 이 강연 원고를 꼼꼼히 읽어보면서 자녀에게 물고기 잡을 마음이 생기도록 도와주기 바란다. 공부하는 학생, 미래를 개척하려는 젊은 직장인, 자기 사업을 시작한 초보 사장에게도 도움이 되리라 믿는다.

여러분, 안녕하십니까?

저는 천호식품 회장 김영식입니다. 제가 사는 곳이 바로 대연동이고, 우리 아들과 딸이 졸업한 학교가 바로 대연초등학교입니다. 그래서 지금 이 자리에 계시는 여러분에게 진한 동질감 같은 것을 갖고 있습니다.

오늘 제가 여러분에게, 여러분의 자녀를 위해 드리고 싶은 말씀은 '간절히 원하라, 정말 간절히 원하라, 그러면 모든 것이 이루어진다'는 것입니다. 이야기를 대연동으로부터 시작하겠습니다.

딸아이의 기를 이렇게 살려주었습니다

제 딸 이름은 현주인데, 이 아이가 대연초등학교 2학년일 때 이야기입니다.

그때 우리는 단칸 셋방에 살았습니다. 하루는 현주가 학교에서 돌아와 엉엉 울었습니다. 왜 저렇게 우느냐고 아내에게 물어보았더니 친구들한테 창피를 당했다는 겁니다. 우리 집에 놀러 온 친구들이 "현주야, 너희 집은 왜 이렇게 작아?"라고 말했는데, 그 말이 현주의 가슴에 못으로 박힌 모양입니다. 하도 서럽게 울어서 제대로 달래지도 못했습니다.

다음 날 저는 사업 자금으로 모아 둔 300만 원을 1만 원권 300장으로 바꾸어 대봉투에 담아 집으로 왔습니다. 그리고 현주를 불러놓고 "자, 봐라." 하면서 1만 원권 지폐를 두세 장씩 꺼내 방바닥에 뿌리기 시작했습니다. 1만 원권 지폐 300장이 방바닥에 쫙 깔렸습니다. 그 작은 방에 300장이 깔리니 대단해 보였습니다. 돈이 수북한 겁니다. 그런 다음 현주한테 말했습니다.

"현주야, 봤지? 아빠는 이렇게 돈이 많은 사람이란다. 우리는 돈이 없어서 이렇게 작은 집에 사는 게 아니야. 엄청나게 큰 집을 사려고 돈을 모아두었을 뿐이지. 그러니까 너는 기죽지 말고 꿈을 갖고 살아라. 아빠가 큰 집 사주마."

이렇게 말하면서 아이를 달랬습니다. 물론 나중에 그 약속은 지켰습니다.

존경하는 대연초등학교 학부모 여러분!

만일 그때 사업하려고 준비해 둔 돈 300만 원을 방바닥에 깔면서 "우리는 이렇게 돈이 많단다." 하고 자랑하지 않았다면 우리 딸의 기가 팍 죽었을 것입니다. 작은 집에 사는 콤플렉스가 계속 남아 있었을 것입니다.

그러나 돈이 많다는 것을 보여주고 '걱정하지 말고 네가 하고 싶은 것은 뭐든 다 할 수 있으니 꿈을 크게 가져라.' 이렇게 말했기 때문에 우리 딸이 당당하게 클 수 있었던 것입니다.

돈이 없다고 꿈도 가지지 말라는 법이 어디 있습니까? 오히려 돈이 없기 때문에 꿈을 크게 가져야 하고, 그만큼 더 간절하게 원해야 합니다. 저는 살면서 매 순간 간절히 원했기에 지금 이만큼까지 올 수 있었습니다.

저는 학부모님들에게 이런 말씀을 드리고 싶어요. 누구나 다 아이에 대한 욕심이 있지 않습니까? 다 자식들 잘되기를 바라지 않습니까? 그렇다면 '이거 해라.' '저거 해라.' '좀 더 노력해라.' 이런 말보다는 정말 자녀가 간절히 원하는 것이 무엇인지를 좀 찾아보고 간절히 원하는 것이 없다면 다른 것 다 제쳐두고 우선 간절히 원하는 것을 찾을 수 있도록 도와주어야 합니다. 인생에서 뭔가를 간절히 원하는 게 얼마나 중요한지 제 경험을 가지고 말씀드리겠습니다.

하루에 100킬로미터씩 비포장도로를 달렸습니다.

스물네 살에 군대를 제대하고 처음 직업을 가졌습니다. 경남 고성에서 '일일공부'라는 배달 학습지 지국을 인수해 일을 시작했습니다. 그때 정말 못살았습니다. 물론 차도 없었습니다. 자전거로 배달하고 자전거를 타고 다니면서 판촉을 했는데, 하루에 약 100킬로미터씩 달려야 했습니다. 매일 100킬로미터 이상씩 비포장도로를 달리면서 열심히 판촉을 했습니다.

처음 인수받을 때는 90부였는데 두 달 그렇게 하니까 550부가 됐습니다. 그랬더니 저한테 팔았던 사람이 다시 자기한테 팔라고 하더군요. 100만 원 주고 사겠다는 겁니다. 팔지 않고 나중에 형님한테 인계해 주었습니다만, 그 당시 하루 100킬로미터를 달릴 수 있었던 힘이 어디서 나왔을가요? 제가 무슨 철인도 아니고 말입니다.

저는 간절히 원했던 것입니다. 가진 것이라곤 달랑 '일일공부' 하나밖에 없었고 무조건 벌어야 했습니다. 그때 제 목표는 어떻게든 회원을 늘리는 것이었습니다. 그거 못하면 제가 쓰러지기 때문에 정말 간절히 원했습니다. 바로 거기서 힘이 나왔던 것입니다.

사채업자를 찾아가 무릎을 꿇었습니다.

저는 스물일곱 살에 결혼해 슬레이트 집 단칸방에서 신혼 생활을 시작했습니다. 보증금 3만 원에 월세 7,000원짜리 방이었습니다. 그때 아내는 저보고 "방 두 칸 집에서 살아 보았으면 더는 원이 없겠다"고 했습니다. 아내 소원은 곧 제 소원이었습니다.

방 두 칸짜리 월세로 이사 가기를 간절히 원하면서 세일즈를 시작했습니다. 그렇게 해서 두 칸짜리를 얻었고 거기서 다시 세 칸짜리, 아파트 이런 식으로 소원을 바꾸어가면서 전부 해냈습니다. 물론 사업을 하다 여러 번 넘어지기도 하고 일어서기도 했습니다.

서른두 살 때입니다. 젊은 나이에 집도 사고 돈도 꽤 벌었는데 관리를 제대로 못 하고 흥청망청 써버렸습니다. 우리나라 최초 승용차인 포니 원을 끌고 다닐 정도였는데, 장사하다 실패해서 쌀독에 쌀이 떨어져 밥도 못 먹을 처지가 되었습니다. 그런데 어디서 좋은 물건이 있다는 정보가 들어왔습니다. 250만 원만 있으면 조끼 5,000장을 인수할 수 있었습니다. 수중에는 돈이 한 푼도 없었지요. 돈을 빌릴 만한 사람도 없었고요.

셋방 살 때니까 저당을 잡힐 집도 없었습니다. 어디서 그런 배짱이 나왔는지 모르겠습니다. 저는 사채업자한테 달려갔습니다. 물론 사채업자가 돈을 빌려줄 리 없지요. 누가 아무것도 없는 사람한테 250만 원을 빌려주겠습니까? 하지만 사업 자금 250만 원만 있으면 꽤 큰돈을 벌 수 있었기 때문에, 너무나도 그 돈을 벌고 싶었기 때문에 물러서지 않았습니다.

사채업자 집으로 찾아가서 무릎을 꿇었습니다. 그렇게 5시간을 버텼습니다. 그랬더니 비로소 돈을 빌려주더군요. 저는 그 돈으로 조끼 5,000장을 인수해서 처음에는 도매로 넘길까 하다가 그러면 이윤이 너무 적어 직접 팔기로 했습니다. 리어카를 빌려서 가득 싣고 핸드 마이크를 들고 거리로 나갔습니다.

집을 나서는데 아내가 눈물을 흘렸습니다. 대체 이게 뭐냐고 하면서요. 자가용 타고 출퇴근하던 사람이 리어카에 물건을 싣고 나가 판다고 하니 기가 막혔겠지요. 얼마나 돌아다녔는지 모릅니다. 부산 시내 골목골목을 누비면서 아침에 가득 싣고 나가 저녁이면 빈 리어카로 들어왔습니다. 사흘 지나니까 손발이며 입술이 다 부르텄습니다. 그렇게 해서 열흘 만에 다 팔아 치웠습니다. 결산해보니 빌린 사채를 갚고도 500만 원이 수중에 떨어졌습니다. 큰돈이었지요.

쫄딱 망한 사람한테 어디서 그런 정보가 들어왔겠습니까? 그 사채업자한테 가서 5시간 무릎 꿇고 사정하는 용기가 어디서 나왔겠습니까? 자동차 끌고 다니다 리어카에 물건 싣고 다니면서 팔 힘이 어디서 나왔겠습니까? 눈물을 흘리는 아내를 달래면서 열흘 만에 조끼 5,000장을 팔아 치우는 배짱이 어디서 나왔겠습니까?

바로 간절히 원했기 때문입니다. 간절히 원하니까 정보도 들어오고 용기도 생기고 직감이 움직이고 배짱이 발동하고 힘이 솟아난 것입니다. 진정으로 간절히 원하는 사람은 누구도 어찌하지 못합니다.

모욕을 견뎌내는 힘은 어디서 나왔습니까?

여기서 저는 중국 한나라의 장수였던 한신의 이야기를 들려드리고 싶습니다. 한신은 중국 역사상 지략과 용맹이 가장 뛰어난 장군으로 꼽힙니다. 그는 원래 왕족이었는데 나라가 망해 작은 시골 마을로 피신해서 살았습니다. 한신에게는 나라를 일으켜 세우겠다는 야심이 있었습니다. 그걸 간절히 원했습니다. 중국의 천하 통일이라는 원대한 꿈이 있었던 것입니다.

한번은 시장을 지나가는데 동네 건달들이 길을 막고 시비를 거는 겁니다. 그중 한 건달이 다리를 벌리면서 "그 칼 솜씨를 구경하고 싶구나. 한판 붙어 보자. 겁이 난다면 내 가랑이 사이를 기어가라. 그러면 살려 주겠다." 하는 겁니다.

한신에게 그깟 건달 몇 명쯤은 일거리도 아니었습니다. 그러나 한신은 참았습니다. 건달 다리 사이를 기어갔습니다. 그렇게 해서 자기를 숨기고 나중에 한나라를 세운 유방의 군대에서 총사령관을 지냅니다.

무엇이 대장군 한신으로 하여금 그 모욕을 견디게 했겠습니까?

그는 간절히 원하는 게 있었습니다. 천하를 통일해야 한다는 원대한 목표가 있었기 때문에 그 굴욕을 참아내고 건달들한테 손가락질을 당하면서 아무렇지도 않게 다리 사이를 기어갔던 것입니다. 이렇게 뭔가를 간절하게 원하는 사람은 부끄러움을 참아냅니다. 창피한 줄을 모릅니다. 고생이 고생인 줄도 모릅니다. 그 사람이 특별해서가 아니라 간절히 원하면 그렇게 되는 것입니다.

그러나 간절히 원하는 게 없는 사람은 어떻습니까? 뭐 좀 하려면 창피해서 못하고 힘들어서 못하고 남한테 싫은 소리 듣기 싫어서 못하고 이유도 많고 변명도 많습니다. 자꾸 미루기만 합니다.

만약 자녀가 게으르거나 공부하기 싫어하거나 주의가 산만하거나 하다면, 간절히 원하는 게 없어서 그런 겁니다. 아이를 나무라기 전에, 노력 좀 하라고 구박하기 전에 무조건 공부만 시키려고 하기 전에 아이에게 간절히 원하는 것이 생기도록 도와주어야 합니다. 간절히 원하는 것만 있으면 하지 말라고 해도 스스로 알아서 하거든요.

간절히 원했기에 해낼 수 있었습니다.

제 경험을 또 말씀드리겠습니다. 1990년대에 저는 부산에서 현금 보유 기준 100등 안에 들어갔습니다. 제 얘기가 아니라 지점장이 저한테 그랬습니다. 그렇게 잘나갔습니다.

사업이 잘되니까 저는 사업을 계속 확장했습니다. 본업이 건강식품인데 찜질방 사업, 황토방 사업, 서바이벌 게임 사업 등으로 진출

했습니다. 그러다가 IMF를 만났습니다. 순식간에 저는 추락했습니다. 현금 보유 기준 100등 안에 들었는데 이젠 빚 많은 사람 100등 안에 들었습니다. 흥청망청 돈을 탕진한 것도 아니고 사업 확장으로 그렇게 된 것입니다.

저는 다시 바닥으로 내려가서 시작했습니다. 어느 정도로 바닥이었는지 말씀드릴까요? 기본적으로 밥 먹는 것, 잠자는 것이 해결되지 않았습니다. 서울에 가서 영업을 해야 하는데 잠잘 곳이 없어 허름한 여관에서 잤습니다. 밥 먹을 돈이 없어서 소시지 하나에 소주 한 병으로 저녁을 때우고 그랬습니다.

얼마나 처량했겠습니까? 하지만 저는 전혀 그런 것을 못 느꼈습니다. 신세 한탄할 여유조차 없었습니다. 대신 재기에 대한 욕망은 엄청났습니다. '빚을 다 갚아야 한다, 그리고 전성기를 회복해야 한다'는 욕망이 훨훨 불타올랐습니다. 정말 간절히 원했던 것이지요.

그때 제가 어떻게 한 줄 아십니까?

우선 휴대전화 액정에다 제가 원하는 것을 썼습니다. '쑥을 팔자, 못 팔면 죽는다!'라고 썼습니다. 그때 저희 회사는 강화사자발쑥으로 만든 건강식품이 있었습니다. 그걸 팔아야 제가 일어설 수 있었던 것입니다. 그리고 절에 가서 부처님 앞에 그 제품을 바치고 기도를 올렸습니다.

아침에 일찍 일어나 산에 올라가서 떠오르는 태양을 바라보면서 "영식아, 너는 할 수 있다!" 하고 소리를 질렀습니다.

또 매일 일기를 썼습니다. 내가 원하는 것을 일기에 적고, 그것이 얼마나 이루어졌는지를 썼습니다.

아내는 아내대로 기도를 했습니다.

이런 식으로 재기를 꿈꾸면서 간절히 원했던 것입니다. 간절히 원하니까 뭘 어떻게 해야 할지 떠올랐습니다. 마치 하늘이 알려주는 것 같았습니다.

저는 아침에 서울 강남역으로 나갔습니다. 전단을 들고 가서 출근하는 사람들에게 돌렸습니다. 그리고 지하철을 타고 선반 위에 전단을 올려놓았습니다. 그렇게 한 바퀴 돈 다음 아침을 먹고 사무실로 들어가 일을 봤습니다. 저녁에도 퇴근하면 지하철을 타고 홍보 전단을 돌렸습니다.

서울-부산 간 비행기를 타면 그 비행기 안에서도 전단을 뿌렸습니다. 이게 상상이나 가는 일입니까? 당연히 제지하지요. 그러면 저는 "이거 못 팔면 나는 죽습니다." 하면서 사정하고 전단을 돌렸습니다.

창피하지 않았을까요? 반듯한 회사 사장이 하루아침에 몰락해서 그런 모습을 보이는 게 창피하지 않았을까요? 누구라도 만나면 어떻게 될까요? 하지만 전혀 그런 것 없었습니다. 대장군 한신은 건달의 다리 사이를 기어갔다지 않습니까? 목표가 분명한 사람은, 소망이 확실한 사람은, 뭔가를 간절히 원하는 사람은 부끄러움을 모릅니다. 고생이 고생인 줄도 모릅니다.

그리고 아이디어도 쏟아져 나옵니다. 그때 저는 정력적으로 일했습니다. 건강식품의 거품 가격을 파괴하고 신문 광고 만드는 것부터 해서 각종 판매 기법이 머릿속에 떠올라 신나게 일했습니다. 그래서 20억 원 상당의 빚을 2년 11개월 만에 모두 갚았습니다.

2000년에는 '산수유환'이라는 전국적인 히트 제품을 터뜨렸습니다. 그리고 5년 뒤 서울 강남에 사옥도 지었습니다. 지금은 '통마늘 진액'이라는 건강식품이 빅히트해서 불경기인데도 판매가 잘되고 있습니다.

이 모든 것이 간절히 원했기에 이루어진 것입니다. 성공하려면 이건 이렇게하고 저건 저렇게 하라는 식으로 알려줄 수가 없습니다. 사람이 다르고 저마다 처한 사정이 다르기 때문입니다. 그러나 분명한 것 한 가지는 있습니다. 누구든 성공하려면 간절히 원해야 한다는 것입니다. 자기를 전부 바칠 정도로 간절히 원하면 반드시 방법이 생기고 귀한 사람이 나타나는 법입니다. 제가 직접 체험했기에 여러분에게 자신 있게 말씀드릴 수 있습니다.

욕망이 꿈틀거리도록 해주세요

대연초등학교 학부모 여러분, 우리 모두 자녀가 잘되기를 바랍니다. 그러기 위해 우리는 아이들에게 무엇을 가르쳐야 할까요? 여러 가지가 있겠지만, 가장 중요한 것은 자녀가 뭔가 간절히 원하는 것을 발견하도록 돕는 일입니다. 사람은 그 자체가 욕망 덩어리입니다. 욕망이 없으면 손가락 하나 까딱하지 않는 것이 바로 사람입니다. 그런데 욕망이 꿈틀거리면 불 속에 뛰어들어서라도 해냅니다. 그것이 바로 인간입니다.

여러분의 자녀에게 뭔가 불타는 욕망이 생기도록 해주십시오. 노력하지 않는다고 탓할 일이 아니고 주의가 산만하다고 탓할 일이 아닙니다. 노력할 그 무엇, 주의를 집중시킬 그 무엇을 찾아주어야 합니다.

아이들이 목표를 잡을 때는 처음부터 너무 무리하게 하지 마십시오. 100미터밖에 못 뛰는 사람에게 200미터 뛰라고 하면 포기해 버립니다. 그러나 110미터 뛰라고 하면 얼마든지 뜁니다. 그리고 한 번 성취하면 자신감이 생겨 또 도전하게 됩니다. 이런 식으로 해서 목표를 조금씩 키워가고 꿈을 점차 키워갈 수 있도록 하십시오.

절대 부정적인 말, 저주하는 말은 하지도 말고 또 하지 못하게 하십시오. 어른 중에는 '골프 치는 놈들, 돈 많은 놈들' 하는 식으로 말하는 사람이 있습니다. 그런 사람은 절대로 '골프 치는 놈'이 될 수 없고 '돈 많은 놈'이 될 수도 없습니다. 저주의 말을 퍼부으면 그 말로 인해 우리 인생이 저주를 받게 됩니다.

약속시간을 잘 지키게 해주십시오. 모든 신뢰의 기본은 시간입니다. 약속시간을 잘 지킨다고 100퍼센트 성공하는 것은 아니지만, 제 주위에 보면 성공한 사람 중에 약속시간을 잘 안 지키는 사람은 단 한 사람도 없습니다. 나이가 들면 그 습관을 못 버립니다. 어렸을 때 그렇게 만들어야 합니다. 다른 건 몰라도 약속시간 하나만큼은 칼같이 지키도록 해 주십시오.

다른 것은 필요 없습니다. 오늘 이거 하나만 가슴속에 담아 가지고 가십시오. 자녀가 뭔가를 간절히 원하도록 도와주십시오. 간절히 원하는 게 생기면 그 자녀는 자기가 알아서 그걸 이루어 낼 것입니다. 부모는 간절히 원하는 게 생기도록 도와주기만 하면 됩니다. 간절히 원하면 모든 것을 다 얻게 될 것입니다.

여러분의 자녀가 최고로 자라기를 간절히 원하겠습니다.

감사합니다.

KI신서 5273

10미터만 더 뛰어봐!

1판 1쇄 인쇄 2008년 7월 10일
1판 77쇄 발행 2016년 12월 30일
2판 1쇄 인쇄 2013년 11월 10일
2판 14쇄 발행 2024년 3월 22일

지은이 김영식
펴낸이 김영곤
펴낸곳 (주)북이십일 21세기북스

디자인 twoes
출판마케팅영업본부 본부장 한충희
출판영업팀 최명열 김다운 권채영 김도연
제작팀 이영민 권경민

출판등록 2000년 5월 6일 제10-1965호
주소 (10881) 경기도 파주시 회동길 201(문발동)
대표전화 031-955-2100 **팩스** 031-955-2151 **이메일** book21@book21.co.kr

(주)북이십일 경계를 허무는 콘텐츠 리더
21세기북스 채널에서 도서 정보와 다양한 영상자료, 이벤트를 만나세요!
페이스북 facebook.com/jiinpill21   포스트 post.naver.com/21c_editors
인스타그램 instagram.com/jiinpill21   홈페이지 www.book21.com
유튜브 www.youtube.com/book21pub

서울대 가지 않아도 들을 수 있는 **명강**의! 〈서가명강〉
유튜브, 네이버, 팟캐스트에서 '서가명강'을 검색해보세요!

ⓒ 김영식, 2013

ISBN 978-89-509-5215-0 03320